Mascotes
semiótica da vida imaginária

Dados Internacionais de Catalogação na Publicação (CIP)
(Câmara Brasileira do Livro, SP, Brasil)

Perez, Clotilde
Mascotes : semiótica da vida imaginária / Clotilde
Perez. — São Paulo : Cengage Learning, 2011.

Bibliografia
ISBN 978-85-221-1080-3

1. Comunicação - Pesquisa 2. Marca comercial
3. Marketing 4. Publicidade 5. Semiótica 6. Signos
e símbolos I. Título. II. Título: Semiótica e vida
imaginária.

10-12039

CDD-658.827014

Índices para catálogo sistemático:
1. Marca : Semiótica : Administração 658.827014
2. Semiótica : Marca : Administração 658.827014

Mascotes
semiótica da vida imaginária

Clotilde Perez

Austrália • Brasil • México • Cingapura • Reino Unido • Estados Unidos

Mascotes: Semiótica da vida imaginária
Clotilde Perez

Gerente Editorial: Patricia La Rosa

Editor de Desenvolvimento: Fábio Gonçalves

Supervisora de Produção Editorial:
    Fabiana Alencar Albuquerque

Copidesque: Maria Alice da Costa

Revisão: Rinaldo Milesi

Pesquisa iconográfica: Graciela Naliati

Diagramação: Cia. Editorial

Capa: Souto Crescimento de Marca

© 2011 Cengage Learning Edições Ltda.
Todos os direitos reservados.

Todos os direitos reservados. Nenhuma parte deste livro poderá ser reproduzida, sejam quais forem os meios empregados, sem a permissão, por escrito, da Editora. Aos infratores aplicam-se as sanções previstas nos artigos 102, 104, 106 e 107 da Lei nº 9.610, de 19 de fevereiro de 1998.

Esta editora empenhou-se em contatar os responsáveis pelos direitos autorais de todas as imagens e de outros materiais utilizados neste livro. Se porventura for constatada a omissão involuntária na identificação de algum deles, dispomo-nos a efetuar, futuramente, os possíveis acertos.

A editora não se responsabiliza pelo funcionamento dos links contidos neste livro que possam estar suspensos.

> Para informações sobre nossos produtos, entre em contato pelo telefone **0800 11 19 39**
>
> Para permissão de uso de material desta obra, envie seu pedido
> para **direitosautorais@cengage.com**

© 2011 Cengage Learning. Todos os direitos reservados.

ISBN-13: 978-85-221-1080-3
ISBN-10: 85-221-1080-8

Cengage Learning
Condomínio E-Business Park
Rua Werner Siemens, 111 – Prédio 11 – Torre A –
Conjunto 12 – Lapa de Baixo – CEP 05069-900
São Paulo – SP
Tel.: (11) 3665-9900 – Fax: (11) 3665-9901
SAC: 0800 11 19 39

Para suas soluções de curso e aprendizado, visite
www.cengage.com.br

Impresso no Brasil
Printed in Brazil

Para
Pedro e Mel,
Este livro é apenas uma desculpa para a dedicatória!

"Gracias a la vida, que me ha dado tanto
Me dió dos luceros que cuando los abro
Perfecto distingo lo negro del blanco"

Agradecimentos

A
Sérgio Bairon

"Y en alto cielo su fondo estrellado
Y en las multitudes el hombre que yo amo
Gracias a la vida, que me ha dado tanto"

A todos que colaboraram com esta pesquisa e com a busca pelas mascotes de marca desentranhando da memória seus afetos.

Aos amigos, professores, alunos e orientandos que compartilharam das buscas e das reflexões acaloradas que brotaram do encontro de interesses entre a Comunicação, o Consumo e a Cultura.

À Fundación Carolina, que financiou a pesquisa de pós-doutorado junto à Universidad de Murcia em 2009, e ao CRP-ECA-USP que autorizou meu afastamento para esta atividade.

À Fapesp, que financiou minha participação no X Congreso de La Federación Internacional de Semiótica na Espanha e a vinda, como professor visitante, do Prof. Dr. Pedro Hellin à Escola de Comunicações e Artes-USP, momentos privilegiados para discussão e encaminhamentos da pesquisa sobre as Mascotes, semiótica da vida imaginária.

À equipe da editora Cengage Learning e, em especial, a Fábio Gonçalves pelo excepcional trabalho na produção deste livro.

Sumário

Prefácio

    Pedro Hellín XI

    Paulo de Lencastre XIII

Introdução XV

    Metodologia do estudo XVII

Capítulo 1 – Personagens: uma visão multidisciplinar 1

    Personagem: etimologia e complexidade 1

    A personagem na literatura 2

    A personagem no teatro 18

    A construção da personagem no cinema e na televisão 25

    A construção de personagens e a identidade psicossocial: cotidiana e digital 34

    As personagens de marca 38

Capítulo 2 – Mascotes: fetiche contemporâneo 41

    Mascote: etimologia e historicidade 41

    Características sígnicas das mascotes 43

    O fascínio do monstro 47

    Mascotes, monstruosidade e mitologia 52

        Classificação do monstro na publicidade 52

    A mascote e a necessidade do mito 55

        A mascote, o mito e a publicidade 56

        O fetichismo da mascote 59

        As mascotes no universo sígnico das marcas 60

Capítulo 3 – Modelo de criação e análise semiótica
 de mascotes e personagens   65

   Sobre o método para criação e análise   65
   A construção de sentido a partir das relações triádicas   66
   Principais resultados da pesquisa   72

Capítulo 4 – Por uma taxionomia de personagens e mascotes   79

   Introdução   79
   Personalidades   82
      Celebridades   82
      Especialistas (experts)   83
      Porta-voz   84
   Personagens   84
      Humanas   85
      Animais   89
      Mascotes   90
   Licenciamentos   100

Considerações finais   103

Referências bibliográficas   105

Mascotário de marca   111

Prefácio

La publicidad se ha convertido en una propuesta estética dinámica, capaz de ajustarse continuamente a las transformaciones de la producción y del consumo capitalista. Esta estética cambiante, su estructura fragmentada y la relación con los sistemas de producción, además del marketing asociado a las imágenes, ha convertido a la publicidad en el discurso narrativo propio de las sociedades postindustrializadas.

Por lo tanto, más allá de considerar a la industria publicitaria – y sus expresiones o correlatos creativos como – mero artefacto mercantil; más allá de atribuirle como única responsabilidad la producción de originales piezas audiovisuales y gráficas capaces de generar debates en la opinión pública; la publicidad nos permite comprender un poco mejor a qué procesos de índole sociocultural se ven sometidas nuestras respectivas comunidades de vida, transformadas y segmentadas en grupos de referencia o pertenencia, y estos a su vez agrupados en torno a comunidades de sentido, o simplemente, al abrigo de comunidades virtuales y/o estéticas de marcada influencia mediática.

En nuestra época posmoderna, la publicidad es el discurso de los objetos, tal y como muchos autores han postulado. Los recursos comunicativos empleados por la publicidad y la comercialización de los objetos destruyen todos los trazos de la producción en el imaginario social, reforzando el fetichismo que surge automáticamente en el transcurso de una economía de mercado. Es ahí donde las mascotas publicitarias desempeñan un importante papel de engranaje significante entre los productores y los consumidores.

Clotilde Pérez ha construido un libro que trata sobre una de las más importantes relaciones que la publicidad mantiene con nuestra cultura social. Las mascotas y los personajes no solo nos comunican un producto o una marca, nos la comunican añadiéndole "humanidad". A través de ellos, las marcas se socializan, toman corporeidad y pueden hablar un lenguaje mucho más cercano a sus públicos. Añaden significados emocionales, que nos hacen relacionarnos con las marcas y productos que representan de una forma más familiar, estableciéndose relaciones de confianza indispensables para la fidelización de los consumidores.

Los cuatro densos capítulos en que está estructurado este libro dan muestra de la capacidad intelectual de la autora y tienen, sin embargo, un enorme interés divulgativo, Clotilde ha sido capaz de describir, de forma cercana y asequible, que son los personajes y las mascotas y que son para la publicidad; como el método semiótico puede aportarnos información sobre los personajes y las mascotas, y como a través de la semiótica podemos entender la intención de las compañías cuando las crean; la clasificación final, aparte de rigurosa, nos sirve para conocer las categorías, su caracterización y objetivos.

Conocer a Clotilde Pérez desde 2003 me ha servido para constatar, que la excelente elección del tema de este libro no se debe al oportunismo (no existe ninguna obra semejante en todo el ámbito iberoamericano), sino a la pasión que siente por estas creaciones publicitarias. Hace años que colecciona estos seres mitad comerciales y mitad juguetes, dedicando energías a su búsqueda, consecución y clasificación. Esa pasión y esa energía están presentes en este libro, para placer de sus lectores.

Pedro Hellín
Profesor Titular de Comunicación Audiovisual y Publicidad
Universidad de Murcia
Murcia, Julio 2010

Prefácio

As mascotes estão para as marcas como os animais de estimação estão para as casas de família.

Introduzem na casa aquela dimensão lúdica, aparentemente gratuita, mas que cria fortes laços emocionais entre as pessoas, quer as de dentro quer quem nos visita.

Imagine uma casa sem um cão, um gato, uma tartaruga... vive-se na mesma! Só que no dia em que a mascote falta, todo mundo chora.

Não são o cerne do complexo identitário da marca, mas sem elas a marca parece que não vive, que está inanimada.

Normalmente, a mascote não surge com a fundação da marca, com o seu nome ou logótipo. Aparece sempre num dia criativo, em que alguém na casa acha que a marca tem que saber falar às crianças, mesmo que venda coisas para adultos... enfim, tem que falar à criança que Deus queira que haja sempre em nós.

Depois, como não são fundadoras e fundamentais, não são tão estudadas. E não são mesmo tão levadas a sério. Por isso, talvez, tenha que ser mesmo uma mulher para estudar bem as mascotes, com aquela dose de intuição criativa que o espírito masculino tem mais dificuldade em assumir como seu... mas que adora!

Há dez anos, uma hoje colega minha de eleição – tinha que ser mulher – propôs-me que a orientasse numa tese sobre mascotes e crianças, a forma como as crianças reagem a esses pequenos seres de magia que muitas vezes as marcas criam para falar com elas. Eu, que tinha estudado no meu doutorado nomes e logótipos, a importância da figuratividade como fator de memorização e emocionalização da marca, pareceu-me a ideia muito boa.

Por essa altura iniciava também com a Clotilde uma sólida amizade semiótica, que me vale hoje a minha sensibilidade acrescida para a análise mais intuitiva, menos experimental, da vida das marcas. À época dava já a Clotilde os primeiros passos no mundo das mascotes, na preparação do seu estupendo livro *Signos da marca*.

Peço desculpa aos leitores por pessoalizar tanto este prefácio, mas as mascotes para mim são uma descoberta de pessoas muito amigas, muito próximas na minha pesquisa e na minha amizade, com quem hoje trabalho em permanência o universo maravilhoso das marcas.

Este livro fazia muita falta à academia e à prática da Gestão de Marcas. Temos andado juntos nas conferências internacionais da área de "branding" e sabemos como o tema ainda é pouco estudado, quase pioneiro. A profundidade histórica, conceptual e taxionómica que passamos a ter com esta obra vai marcar o saber e a prática dos profissionais, dos professores e dos pesquisadores.

Paulo de Lencastre
Professor de Marketing e de Gestão de Marcas
Universidade Católica Portuguesa
Porto, Setembro de 2010

Introdução

> *Viver é ser outro.*
> Fernando Pessoa

O século XXI manifesta uma sociedade atravessada pelo consumo, em que cada um dos produtos e serviços disponíveis no mercado busca se impor de forma distinta e sedutora na intenção de serem eleitos pelos consumidores sedentos por momentos de volúpia.

A publicidade incrementa e diversifica seu poder e converte-se em uma poderosa ferramenta, muito valiosa para transmitir e demonstrar os atributos dos produtos e os valores simbólicos das marcas e das corporações.

Ao mesmo tempo, a publicidade – como manifestação privilegiada da contemporaneidade – é a antítese do cenário de caos, incertezas e sofrimento. Apoiando-se em temas como o escapismo, o mundo edulcorado, o surrealismo, a ambiguidade, a afetividade, o humor e a sensualidade, a publicidade configura-se como a promessa possível diante do paraíso "definitivamente" perdido. É a tábua de salvação – é um caminho acessível para o equilíbrio fugidio, mas sempre desejado.

Marcas tradicionais, inovadoras, contestadoras etc., segmentos de grande consumo ou de especialidade, de bens duráveis ou não, orientam-se e manifestam-se por meio de slogans absolutamente afetivos e intimistas, como: "feito para você" (Itaú), "perfeito para você" (Personnalité), "o poder dos sonhos" ("drive your way") (Hyundai), "for life" (Volvo), "feel the difference" (Ford), "lugar de gente feliz" (Pão de Açúcar) e outros. O novo milênio veio definitivamente acompanhado de um entorno "politicamente correto", refletido na linguagem cotidiana pelo edulcorar da fala. Alinhado com os pensamentos de Bauman (2005, 2008), não nos referimos mais aos deficientes, mas aos "especiais", não somos mais velhos, mas "idosos", "da melhor idade", não somos mais empregados, mas sim "colaboradores", assistentes. Parece que cada um de nós passou a manifestar vozes aeroportuárias sedosas e conteúdos edulcorados. Doces eufemismos.

Performar é a nova ordem no consumo aplastando as estratégias de marketing inebriadas pela lógica anglo-saxônica que fez acreditar que a globalização esmagaria as diferenças culturais. Do consumidor ator ao performer absolutamente autoral, que livre e criativamente reinterpreta os produtos outrora de propriedade inquestionável das corporações transnacionais que acreditavam em seu poder.

Nesse contexto volátil no qual o consumo se insere fundando práticas e posicionamentos ressurgem as mascotes e personagens de marca que encontravam-se no ostracismo dos anos 1980 e 1990. Como mais uma manifestação do fenômeno da edulcoração do mundo, mas com imensa vantagem sígnica, as mascotes auxiliam a performance do consumo com sua força afetiva construindo vínculos de sentido vigorosos.

Há muitos anos notamos, na publicidade, a presença de animais e mascotes associados a marcas; entretanto, o que encontramos na atualidade apresenta-se de forma distinta. No pós-guerra, observamos o crescimento efetivo da industrialização e o surgimento inquestionável de empresas transnacionais. As mascotes de marca tinham o papel inequívoco de aproximar produto/marca dos consumidores, sendo, em muitos casos, portadores do didatismo necessário aos pioneiros em novos mercados – é fato que a moça holandesa do leite condensado Milkmaid foi fundamental na sua aceitação no Brasil, tanto assim que os brasileiros passaram a denominá-lo, pouco tempo depois, "Leite Moça".

No entanto, na contemporaneidade, notamos a presença de personagens e mascotes mais encarnadas, mais orgânicas em sua trajetória simbólica e "vivência" cotidiana. Com o avanço dos meios visuais e sinestésicos, com as tecnologias digitais etc., há muito mais formas de manifestação, e cada vez mais interativas, o que amplia na expansão da vitalidade das personagens. Com muitas variáveis, mascotes virtuais, desenhos animados, animais reais, antropomorfizações de objetos, licenciamentos etc., o fetichismo é a marca das mascotes e personagens promocionais nesse novo milênio. Assim como notamos o fetichismo presente no design, na publicidade, na moda, na arquitetura, as mascotes são seu mais legítimo representante.

Metodologia do estudo

O presente livro é decorrente de uma pesquisa acadêmica de pós-doutorado junto a Universidad de Murcia, Facultad de Comunicación y Documentación, com bolsa da Fundación Carolina da Espanha. O estudo, que envolveu Brasil e Espanha, integrou pesquisa bibliográfica, pesquisa de campo com metodologias qualitativas, com destaque para as entrevistas em profundidade com especialistas e a abordagem etnográfica. Posteriormente, foram procedidos estudos quantitativos que trouxeram pragmatismo às interpretações.

Sendo assim, a metodologia foi dividida em três partes. A primeira referiu-se à busca de fundamentação teórica em áreas como a publicidade e as teorias da comunicação, bem como em outras regionalidades científicas como a literatura, a mitologia, o teatro, a história, a psicologia e a psicanálise, o design, e até mesmo a etologia. Os autores de maior destaque e que contribuíram decisivamente para o desenvolvimento teórico foram: Montigneaux (2003), Brée e Cegarra (1994), Gomarazca (2001), Mizerki (1995), Bittanti (2003), Costa e Veríssimo (2004), Côrte-Real (2007) entre outros. No que concerne às reflexões a partir da literatura e do teatro, autores como Antonio Candido (1964), Almeida Prado (1993), Pallottini (1989), Rosenfeld (1995), Segolin (1999), Forster (2004), Bakhtin (1987) foram fundamentais para esclarecer o conceito de personagem sob suas diferentes possibilidades sígnicas, assim como os reflexos desse conceito nas distintas mídias e expressões artísticas e populares, ou seja, a personagem na literatura, no teatro, no cinema, na televisão etc. O conceito de mito foi estudado por meio das reflexões de Eliade (1972) e Campbell (1998).

O breve estudo da etologia justificou-se a partir do momento em que passamos a analisar a antropomorfização de objetos em direção aos animais, bem como a animação desses seres e a utilização do próprio animal como expressão de uma marca, ideia, produto ou empresa. A etologia ocupa-se do entendimento dos comportamentos dos animais.

As abordagens a partir da psicologia e da psicanálise foram fundamentais no entendimento do conceito de desejo e suas expressões contemporâneas, além do aprofundamento sobre o fetiche e suas interfaces com a construção de personagens e mascotes. Esses temas foram prioritariamente abordados por meio de teóricos da comunicação e antropólogos, cabendo destaque, para o uso que fiz nesta pesquisa, autores como Massimo Canevacci (2005, 2008), Ugo Voli (2006), Mario Perniolla (2001). Das teorias da comunicação, por conveniência, fiz uso da semiótica de extração peirceana, o que permitiu uma interpretação mais fecunda dos processos semióticos potencialmente produzidos (Peirce, 1977). Adicionalmente, foram agregadas reflexões sobre a sociedade contemporânea, por meio do diálogo interpretativo com Zygmunt Bauman (2001, 2005, 2007), Lipovetsky (1989, 2005), Lyotard (1988), assim como autores que aproximam essas reflexões da publicidade e do marketing, como Hellín (2007), Trindade (2005), Lencastre (1999).

A segunda parte da metodologia empregada contemplou o trabalho documental, revelado pela busca de materiais em diferentes *sites* na internet, arquivos de agências, consultas a blogs temáticos e recolha de embalagens, cartazes e publicidade impressa nas principais revistas semanais do país durante 24 meses, de janeiro de 2008 a janeiro de 2010. Foram analisadas publicidades impressas, que continham personagens e/ou mascotes recolhidas em 250 revistas, sendo os títulos mais recorrentes *Vogue*, *Marie Claire*, *Época*, *Veja*, *IstoÉ* e *Caras*. Na Espanha, o caminho foi semelhante, foram recolhidas publicidades impressas obtidas durante os meses de janeiro e fevereiro de 2009 nas seguintes revistas: *Telva*, *Elle*, *Vogue Espanha*, *Ronda Ibéria* (revista de bordo), *Woman* e *Glamour*.

A terceira parte da metodologia foi destinada à pesquisa de campo. Foram realizadas trinta visitas de observação dirigida a supermercados e lojas de conveniência nas cidades de São Paulo, Rio de Janeiro e Curitiba, com o objetivo de auxiliar na seleção e busca de produtos/embalagens e materiais de ponto de venda (PDV), que manifestassem o uso de personagens e mascotes. Na Espanha, foram realizadas dez visitas para observações dirigidas em supermercados; os selecionados foram Mercadona, Carrefour e El Corte Inglés e lojas prestadoras de serviços de telefonia, som e imagem, distribuidoras de combustível etc. Esse procedimento serviu de apoio à busca das personagens e mascotes. Também foram realizadas três entrevistas em profundidade, duas com diretores de criação de agência e outra com um pesquisador em publicidade.

Ao final desse percurso, foi possível não apenas entender a complexidade conceitual e simbólica das personagens e mascotes de marca, como também proceder a uma classificação, como sempre arbitrária, e sem a intenção de esgotar as possibilidades desses fenômenos. O objetivo central da taxonomia era mapear as diferentes formas e usos dessas personagens comunicacionais e identificar os setores da economia que mais se utilizaram desses recursos como expressão de suas marcas, bem como as estratégias e os resultados obtidos.

Personagens: uma visão multidisciplinar

Personagem: etimologia e complexidade

A palavra personagem, muito utilizada em nosso cotidiano, possui etimologia francesa (*perssonage*, *personne*), com registro nos séculos XII e XIII, e designa, inicialmente, uma pessoa fictícia em ação numa obra teatral e que deve ser representada por uma pessoa real – um ator. Quando tomamos o vocábulo *perssonage*, entendemos que sua construção é decorrente da junção de "pessoa + age" – pessoa em ação, daí o vínculo com movimento da face, rosto, semblante e também máscara, como simulacros de expressão e movimentos.

As personagens despertam, há muito tempo, profunda atração e deslumbramento. Segolin (1999) explica, com perfeição, as bases desse fascínio que as personagens despertam em nós:

> Curioso e fascinante sósia dos seres humanos, em seu status de criatura em relação a um criador onipotente, em sua fisionomia físico-moral, em sua inserção num universo que frequentemente mantém relações de semelhança com o nosso, em sua luta por dominar um mundo que jamais lhe pertencerá por inteiro, essa pretendida imagem especular do homem sempre o atraiu, impondo-lhe uma contemplação narcísica que, se o levou a ressaltar-lhe as semelhanças, o obrigou, por outro lado, a quase ignorar-lhe as diferenças. (1999, p. 9)

Essa atração, ancorada em múltiplos e complexos fatores filosóficos, psíquicos e estéticos, também suscita a proposição e reproposição da temática "personagem" como objeto de investigação em diferentes regionalidades científicas. Nesse sentido, a busca pelo entendimento do que seja uma personagem nos leva a um aprofundamento multi e interdisciplinar, permeando áreas como a literatura, o teatro, o cinema, a televisão e, mais recentemente, a internet e a comunicação digital como um todo. E, ainda, o estudo das manifestações populares, como as danças, as procissões e, emblematicamente, o Carnaval. Mas não há dúvida de que tanto na literatura como no teatro encontramos os fundamentos e a origem das derivações e adaptações que esse conceito, signo em movimento, vem sofrendo desde os primórdios reflexivos propostos por Aristóteles, que, aliás, foi o primeiro teórico que buscou entender o enigma dos seres ficcionais fascinantes.

A personagem na literatura

Muitas vezes, durante a leitura de um romance, fica a impressão de que ele contempla uma série de fatos, organizados em uma trama, e de personagens que vivenciam cada um dos fatos propostos. É uma sensação praticamente indissolúvel: quando pensamos no enredo, na história, na trama, pensamos, simultânea e inseparavelmente, nas personagens, na sua vida, no seu cotidiano, nas suas relações pessoais, profissionais e, também, nos problemas, dilemas, tensões e conquistas que os cercam. A história é criada e produzida por meio das personagens. Enredo e personagem expressam os objetivos e a intencionalidade do romance, a visão da vida que decorre dele, os valores e as crenças que o motivam etc.

Antonio Candido (1964), importante crítico literário brasileiro e professor emérito da USP, apresenta três elementos principais que estão presentes em todo e qualquer desenvolvimento novelístico: *o enredo*, *as personagens* e *as ideias*, que materializam o significado. Entendimento semelhante também está presente, em certa medida, nas palavras do crítico inglês Forster (2004), que afirma que todo romance é constituído por três elementos essenciais, *a intriga*, *a história* e *a personagem*.

Parece-nos que a proposição de Candido é muito mais adequada quando se refere ao "enredo" como um dos elementos essenciais ao romance, enquanto Foster intitula "intriga"; pois intriga carrega uma carga demasiado negativa – traz consigo a conexão com maquinação secreta, planejamento para prejudicar alguém, comentários reservados, fuxico, fofoca. Este "peso" é evitado quando nos referimos ao "enredo".

Retomando a tríade fundamental, a personagem vive o enredo e as ideias proporcionando vitalidade, por isso a leitura de um romance depende fortemente da aceitação da personagem pelo leitor e do conjunto das relações reais e ficcionais construídas com e a partir dele. No entanto, é importante observar que uma personagem não sobrevive sozinha em uma trama ficcia, ou seja, a personagem não se sustenta sem os outros dois pilares: o enredo e as ideias. A personagem é um ser fictício, ou seja, uma construção imaginária, fantasiosa, quimérica. Essa expressão carrega em si uma tensão paradoxal, uma vez que estabelece falta de nexo entre "pessoa" e "imaginação". Como é possível existir uma ficção? Como pode existir algo que não existe? Contudo, a criação e a expressão literária repousam sobre essa tensão paradoxal, e o problema da verossimilhança no romance depende dessa possibilidade de um ser fictício, isto é, algo que, sendo uma criação da imaginação e da fantasia, comunica uma impressão absolutamente realista. Nesse sentido, é possível afirmar que o romance se fundamenta em certo tipo de interação entre o ser vivo real, o leitor e o ser fictício manipulado, a personagem. O romance surge da relação dialógica do leitor com a personagem. A relação entre esses dois seres, o real e o ficcional, ou, simplesmente, o leitor e a personagem, pode ser entendida com a mesma seriedade e complexidade das diferentes relações que as pessoas constroem no mundo real.

Ao tratarmos o conhecimento direto das pessoas, um dos fatores fundamentais da questão é o contraste entre a continuidade relativa da percepção física, ou seja, a aparência física e visível, e a descontinuidade da percepção – intuitiva, espiritual e emocional –, que é uma noção cambiante, volátil, aproximativa, que se refaz o tempo todo, é dinâmica e não é fechada. Podemos dizer, em alinhamento com os estudos da psicanálise, que os seres são, na essência, misteriosos, inesperados, "verdes", não totalmente prontos. É evidente que o mistério dos seres sempre esteve presente na expressão literária, basta lançarmos mão do universo sígnico das personagens do dramaturgo e poeta inglês William Shakespeare (1564-1616); mas só foi desenvolvida e amplamente explorada por alguns escritores do século XIX na tentativa de desvendar seus mistérios psíquicos.

No que se refere às representações de mundo, faz-se necessário uma aproximação com a filosofia. Schopenhauer (1788-1860), filósofo alemão, deu origem aos estudos fenomenológicos das personagens ainda no século XIX. O mundo não é mais que representação, essa era sua crença singular. Essas representações contavam com dois polos inseparáveis; de um lado, o objeto, constituído a partir do espaço e tempo e, do outro, a consciência subjetiva sobre o mundo, sem a qual este simplesmente não existiria. A separação instalada pela herança doutrinária de René Descartes (1596-1650) entre o *res cogito* (coisa pensante) e a *res extensio* (coisa material) perdia completamente o sentido, pois o sujeito só poderia existir por causa do objeto, e o objeto só existiria quando percebido pelo sujeito. A representação do mundo não dissociava essas duas entidades, que eram entendidas de modo separado pelos cientistas e filósofos modernos.

Tudo o que existe, existe para o pensamento, isto é, o universo todo apenas é objeto em relação a um sujeito, uma percepção apenas, em relação a um espírito que percebe (Schopenhauer, 2001). É assim que o filósofo inicia a análise do mundo, a partir da ideia de que "é o mundo que nos constitui", para ser, antes de tudo, percebido por um sujeito. Logo, quando condicionamos o ser, por exemplo, o objeto ou a mensagem, estes só podem ser pensados com uma reconstrução produzida pelo sujeito, receptor, a partir dos fenômenos do mundo que ele contempla.

Na filosofia peirceana, mais especificamente na teoria do interpretante, Peirce (1977) assegura que o interpretante do signo, ou simplesmente o efeito de sentido, é o potencial que o signo possui de ser convertido em outro signo. Assim, um signo encarnado em um objeto (real ou potencial) gera efeitos de sentido, ou representações, na visão de Schopenhauer, que se constituem em novos signos em uma semiose ilimitada.

Quando nos deparamos com as reflexões de Merleau-Ponty (1994) sobre a fenomenologia da percepção, notamos que o filósofo assegura que não devemos ver o mundo segundo a visão técnica da ciência, de acordo com um mundo real e concreto, mas com o mundo fenomenológico e perceptivo do sujeito. No mundo da vida, por exemplo, as cores, as formas, as texturas, as fragrâncias e os sabores não são dissociados do objeto. As qualidades não estão dissociadas da concretude, ao contrário, é parte desta.

Nessas reflexões originadas na filosofia a partir de diferentes momentos históricos, fica evidente que ser e representar podem ser domínios praticamente inseparáveis e indissociáveis. Daí a total relevância dessas reflexões quando buscamos o aprofundamento sobre a relação ser real/ser ficcional.

Outra regionalidade científica relevante que contribui para a reflexão sobre essa tensão real/ficcional é a Psicanálise. Muitas pesquisas na área foram direcionadas à concepção de homem e, como consequência inevitável, à personagem, trazendo influências em diferentes dimensões, inclusive na literatura. O desenvolvimento dessa "noção psicanalítica" da personagem pode ser claramente observada na obra de escritores como o russo Dostoiévski (1821-1881) e, no Brasil, Machado de Assis (1839-1908).

Tal constatação nos mostra que o romance, ao retratar as personagens de forma fragmentária, reinstala, no plano da caracterização, a maneira igualmente pontilhada, insatisfatória e constantemente incompleta pela qual construímos o conhecimento sobre os semelhantes reais com os quais convivemos cotidianamente. A distinção fundamental entre uma posição e outra está no fato de que, na vida, essa visão fragmentária é uma condição que não estabelecemos, mas à qual, sem ter outra possibilidade, nos submetemos, ao passo que, no romance, ela é criada, construída e estabelecida racionalmente pelo escritor/autor. Por essa razão, a necessária simplificação, que pode consistir em uma escolha específica de expressões faciais, gestos, características físicas e frases para que o leitor preencha as lacunas faltantes com o esforço de sua imaginação e simule as construções contínuas e descontínuas que ele mesmo faz, na vida real, com seus semelhantes.

Na vida cotidiana, estabelecemos uma interpretação de cada pessoa que conhecemos, quase automaticamente, a fim de construir uma unidade que seria consequência do seu conjunto de "modos de ser" vividos e apresentados. De outro modo, no romance, o autor estabelece algo mais ajustado, menos volátil e com um espectro controlável, que poderia ser chamado de lógica da personagem. Assim como na vida cotidiana, no romance, igualmente, podemos variar nossa interpretação de personagem, mas não há como negar que o escritor nos deu, desde o início, uma linha de coerência e coesão, enriquecendo e, ao mesmo tempo, delimitando a curva de sua existência e do seu modo de ser na história. Há com isso, certamente, algum grau de controle, ainda que fugidio.

Por meio de recursos de caracterização na explanação da personagem, o romancista é capaz de dar a impressão de um ser ilimitado, contraditório na essência, infinito na sua riqueza, mas, na verdade, temos essa personagem com um todo harmônico diante de nossa imaginação sempre desassossegada e dinâmica. Assim, podemos afirmar que a personagem é mais lógica, coerente e harmônica, embora não necessariamente mais simples, do que o ser real.

Muitos romancistas contemporâneos buscaram aumentar cada vez mais a complexidade do ser fictício criado, diminuindo a concepção de um esquema fixo, predeterminado e até previsível. Em muitos casos, os autores passaram a desenvolver e apresentar um mínimo de traços psíquicos e de ideias que nutriam suas personagens, deixando para os interlocutores-leitores--receptores-intérpretes a tarefa de construção mais totalizante e "final" da personagem. Buscam, com isso, uma coautoria estabelecida em um trabalho "in progress" com o leitor.

Quando se teve certeza da possibilidade de uma complexidade maior nos seres fictícios, muitos autores deixaram de lado a previsibilidade de uma geografia precisa de seus caracteres e buscaram conferir às suas criaturas uma natureza aberta, orgânica, móvel, cada vez mais plástica. Contudo, para se atingir tal objetivo, não foi deixado de lado o processo de seleção de elementos;

a questão é que, nesse momento, os romancistas passaram a harmonizar o grande número de elementos racionalmente pré-escolhidos com a intenção de criar a sensação de abertura, de múltiplas possibilidades, do ilimitado. Congruente com essa afirmação está Roland Barthes, ao atestar que: "Escrever é abalar o sentido do mundo, dispor nele uma interrogação indireta, a qual o escritor, por último suspense, se abstém de responder. A resposta é cada um de nós que a dá, pondo nela a sua história, a sua linguagem, a sua liberdade" (1971, p. 35). Promovendo um recuo histórico, é possível notar que o romance moderno, compreendido entre o século XVIII e início do século XX, manteve uma aproximação progressiva em direção à complexificação da personalidade de suas personagens, ainda que dentro da inevitável simplificação técnica imposta pela necessidade sempre premente de caracterização. Tal exercício de complexificação levou ao desenvolvimento e exploração de uma tendência de conceber as personagens de dois modos fundamentais:

1. Seres íntegros e delimitáveis, fortemente marcados por uma quantidade pequena de traços que o singularizam;

2. Seres complexos, que não se esgotam nos traços constitutivos, mas que guardavam em si fissuras profundas, intencionalmente construídas para que, a qualquer momento, pudesse emergir o desconhecido e permitir a polifonia e a experiência da abertura e da transitoriedade.

É possível observar que a revolução pela qual passou o romance no século XVIII consistiu em uma passagem de enredos complexos, com personagens muito simples, para enredos mais simples, porém com personagens muito mais ricas e complexas. Nas reflexões de Antonio Candido (1964), o ápice desse movimento pode ser encontrado na obra *Ulisses*, de James Joyce (1882-1941), em que o autor utilizou-se do fluxo da consciência (monólogo interior), da paródia, e até de piadas, na busca da complexidade máxima da personagem.

No Brasil, Clarice Lispector (1920-1977) usou e abusou da quebra da narrativa linear e da fusão entre lembranças das personagens e situações presentes narradas, instaurando grande complexidade e relevo às personagens.

Na evolução técnica do romance, aconteceu um esforço para compor seres íntegros e coerentes a partir de fragmentos de percepção e de conhecimentos que serviam de base para a interpretação; por isso, na técnica de caracterização, definiram-se duas famílias de personagens: as "personagens de costume" e as "personagens de natureza".

As "personagens de costume" são apresentadas por meio de traços distintivos, fortemente selecionados e reforçados intencionalmente. Esses traços são fixados, definitivos e, a cada vez que a personagem entra em ação, basta invocar um desses traços que o sentido se constrói facilmente. Pode-se fazer uma analogia com a caricatura que, longe de permitir aberturas à interpretação, nos leva indicialmente a um caminho específico, há um fechamento com direção precisa à interpretação. Do mesmo modo que as caricaturas, as "personagens de costume" representam um tipo específico que ressaltam e maximizam alguns poucos traços definidos e definitivos, o que caracteriza tal criatura de maneira divertida e envolvente, facilmente reconhecível, mas sem muita profundidade. É possível afirmar que as personagens de costume não são a história, mas fazem parte dela de forma indissociável.

Já no caso da "personagem de natureza", além de seus traços superficiais, elas trazem consigo um modo mais íntimo de ser, estabelecendo assim, ao contrário das "personagens de costume", a dificuldade de reconhecimento – elas não são facilmente identificáveis, mas convidam o leitor a uma imersão muito mais misteriosa e espessa. De certa maneira, é possível afirmar que muitas dessas personagens não apenas fazem parte da história em que estão inseridas, mas que elas são parte visceral da narrativa.

Para continuar pelas incursões que a literatura nos oferta acerca das personagens e suas potencialidades sígnicas, é necessário entender sua essência, o romance.

Segundo Chevalley (in Foster, 2004), o romance é uma ficção em prosa com certa extensão. Para o próprio Forster (2004, p. 35), "o romance é uma das áreas mais úmidas da literatura – irrigada por uma centena de riachos, degenerando-se ocasionalmente em um pântano". Quiçá essa "umidade" a que o autor se refere deva-se à permeabilidade e à liquidez inerente ao ato criativo de romancear e de interagir com o romance, o que circunscreve a literatura de modo privilegiado nas expressões da sociedade pós-moderna.

É sabido que o romance pode ser inspirado em histórias reais ou imaginárias, com centros de interesse que variam entre o relato de aventuras, aos estudos de costumes, crítica social, superações, grandes feitos amorosos e tantos outros.

Um romancista, para expressar a sua história, organiza os insumos, ou seja, as massas verbais que vai manipular. Faz uma descrição em termos gerais, atribui nomes, sexos, idades etc. Esboça um conjunto de gestos plausíveis e faz que falem e se comportem de acordo com suas intenções. Essas massas verbais são suas personagens.

Forster (2004, p. 51) divide o romance em sete aspectos constitutivos: a história, as pessoas, o enredo, a fantasia, a profecia, o padrão e o ritmo. E ele retomou a distinção entre personagem e vida real de modo sugestivo, citando um exemplo: se uma personagem de um romance for exatamente igual à rainha Vitória – não semelhante, mas exatamente igual –, então ela é realmente a rainha Vitória, e o livro deixará de ser um romance para se tornar um memorial, que é história na essência e se baseia em evidências, fatos. Já o romance baseia-se em evidências mais ou menos "x", sendo a incógnita "x" o temperamento e a imaginação do romancista. A incógnita sempre modifica o efeito da evidência, e, até mesmo, a transforma integralmente. O historiador trata de ações, fatos, e, nesse sentido, só se interessa pela personalidade dos homens na medida em que puder deduzi-la de suas ações pragmáticas, fatos concretos. Se a mesma rainha Vitória não tivesse dito "Não estamos nos divertindo", seus convidados não saberiam que ela não estava se divertindo e seu tédio nunca teria sido anunciado publicamente. Ela poderia ainda ter franzido as sobrancelhas, de modo que presumissem a situação desde o início – olhares e gestos também podem se tornar evidências históricas. Mas, se a rainha permanecesse imperturbável, o que saberíamos? Absolutamente nada. A vida oculta (ou o pensamento) que se manifesta por meio de sinais exteriores de qualquer natureza já deixou de ser oculta e ingressou inevitavelmente no domínio da ação.

Fica claro que a função do romancista é pôr em evidência a vida oculta das personagens, contando-nos mais sobre a rainha Vitória do que poderia ser conhecido, produzindo, dessa forma, uma personagem que não é mais a rainha Vitória histórica, mas sim a rainha Vitória personagem de ficção que incorpora a criação e a interpretação do romancista.

No premiadíssimo filme *Amadeus*, ganhador de oito prêmios Oscar®, incluindo o de melhor filme, com roteiro de Peter Shaffer e direção de Milos Forman, lançado em 1984, Mozart, interpretado por Tom Hulce, é a personagem ficcional de Wolfgang Amadeus Mozart (1756-1791), guardando semelhanças reais com a personagem histórica, como o comportamento fanfarrão e, em certa medida, o fato de ser irresponsável (pelo menos acredita-se que tenha sido); porém, o autor adiciona alta carga cênica evidenciada, por exemplo, na risada estridente da personagem. A personagem histórica Mozart e a personagem ficcional Mozart não são idênticas, mas guardam importante semelhança. A ficção dá ao autor a possibilidade de recriar uma personagem histórica a partir de sua inventividade e repertório e torná-la personagem fictícia. Talvez esse seja um modo de fazer uma constatação inequívoca: o historiador deve se preocupar em registrar e documentar o real, enquanto o romancista deve interpretar, criar, imaginar...

Forster (2004) acredita que todo ser humano tem dois lados, um é próprio para a história e o outro, para a ficção. Assim, tudo o que é observável em um homem, seus comportamentos, atitudes e a existência espiritual que pode ser deduzida deles, pertence à esfera da história. No entanto, seu lado romântico abarca as paixões puras, os sonhos, as alegrias, as tristezas e as entranhadas autoconfissões que a vergonha e a moral o impedem de manifestar seu lado ficcional.

Retomando o filme *Amadeus*, podemos concluir que Peter Shaffer e Milos Forman imergiram no universo romântico da personagem histórica Mozart, e trouxeram dessa viagem estética elementos hiperbólicos, superlativos que, dotados de uma licença poética, fazem uma metáfora sensível dos sentimentos, realizações e paixões vividas por essa personagem, agora retratadas na ficção.

Para Forster (2004) o *homo fictus* é e não é equivalente ao *homo sapiens*, pois vive segundo as mesmas linhas de ação e sensibilidade, mas em uma proporção diferente e conforme avaliação também distinta. Come e dorme pouco, porém vive de forma superlativa certas relações humanas, sobretudo as amorosas. Para ele, os principais fatos da vida são cinco: nascimento, alimentação, sono, amor e morte. Consideremos o papel que cada um desses fatos desempenha em nossas vidas e nos romances. Parece que o romancista tende a reproduzi-los com precisão ou, na verdade, a exagerar, diminuir, ignorar e expor a passagem das personagens por esses processos que não são os mesmos pelos quais as pessoas da vida real passam. Aqui se abre um rico espaço para as construções eufêmicas e hiperbólicas em que o autor põe em evidência sua sensibilidade criativa e genialidade sensível.

De modo preliminar, vamos considerar os dois extremos fatos de "vida": o nascimento e a morte. Só é possível acessá-los por meio de relatos, por razões óbvias. Todos nós nascemos, mas não conseguimos nos lembrar de como foi, e a morte não deixa a possibilidade de a pessoa que passa por tal experiência relatá-la. O sono e os sonhos consomem pelo menos um terço de nossa vida; a história só se dedica, portanto, aos dois terços que sobraram e, a partir daí, estabelece suas narrativas. Em continuidade com a reflexão sobre os cinco fatos básicos da vida de uma pessoa, partimos para o campo da alimentação. O alimento na ficção é quase sempre social, porque promove a congregação das personagens em torno da mesa e não tem a intenção de saciar a fome de ninguém. Outra dimensão é o romance, e quando se pensa de modo abstrato, pensa-se em um motivo amoroso – de um homem e uma mulher que desejam unir-se, e talvez consigam, a depender dos meandros construídos pelo autor. Entretanto, quando se pensa de modo abstrato na própria vida das pessoas reais, fica uma impressão bem diferente e muito mais complexa. A constante sensibilidade entre as personagens é impressionante e sem paralelo na vida real. Em certa medida, parece haver duas razões para que o amor se destaque tanto nos romances: primeiro, quando os romancistas terminam de projetar suas personagens e começam a criá-las cenicamente, o amor ganha maior destaque em suas mentes e, sem querer, tornam suas personagens excessivamente sensíveis a ele. A segunda razão se deve ao fato de que o amor, assim como a morte, oferece ao romancista ótimas possibilidades de desfecho para uma obra, sem que demande muitas manobras. As manifestações afetivas trazem consigo a ilusão de permanência, de completude, e os romancistas exploram vivamente essas sensações. Caso evidente é o extremo sucesso dos filmes de vampiros "contemporâneos", com relevância para *Crepúsculo*, *Lua Nova* e outros. Amor com eternidade: uma "bomba" de emoção!

Podemos concluir essa comparação entre *homo sapiens* e *homo fictus* afirmando que o *fictus* é mais escorregadio e deslocado que seu semelhante *sapiens* e que, geralmente, nasce inesperadamente, tem a capacidade de morrer aos poucos, não precisa de muito alimento nem de sono, mas que se dedica, incansavelmente, a relacionamentos, e, de modo preferencial, amorosos.

Na visão do intérprete, a importância do romance está na possibilidade de ser ele conhecido muito mais na sua totalidade, pois enquanto só conhecemos nosso próximo "externamente", o romancista nos leva para a imersão da personagem, promovendo um adentrar no sensível – trata-se de uma experiência única e totalizante. Assim, chegamos a uma das funções primordiais da criação ficcional, que é a de nos dar um conhecimento mais completo, mais coerente do que o conhecimento interrompido e fragmentário que temos dos seres "reais". É a segurança, mesmo que fugidia, da completude proporcionada pela ficção que a torna fascinante.

Forster (2004) destina boa parte de suas reflexões na busca de entender se as pessoas podem ser retiradas da vida e colocadas em um livro, e se, inversamente, as personagens podem sair de um livro e ingressar inadvertidamente no mundo real. A resposta a qual ele chegou sobre essa questão foi negativa, assim como Antonio Candido (1964) já havia constatado a impossibilidade imediata dessa "intercambialidade". Toda essa discussão foi muito destacada até agora, pois, hoje, no final da primeira década do novo milênio, temos em mãos uma coleção de exemplos de personagens que foram construídas para confundir os limites entre ficção e realidade e que, naturalmente, acabaram por colocar ainda mais "lenha nessa fogueira". Adiante, falaremos de exemplos como Ernesto Varella, personagem de Marcelo Tas, de Chacrinha, Abelardo

Rodolfo Chikilicuatre

Barbosa, ou ainda de Rodolfo Chikilicuatre, personagem criada para representar a Espanha no Festival Eurovision 2008; esses e tantos outros são personagens limiares. Porém, neste momento, vamos retomar as reflexões sobre a construção de personagens de ficção na literatura.

Em seus estudos, Forster (2004) também lança outra comparação: de romances em que apenas uma personagem é capaz de carregar toda a história e de fazer a trama e o leitor girarem em seu entorno, e em relação a romances que apresentam uma complexidade muito maior, em que as diversas personagens apresentam uma relação de interdependência dentro da história. Como metáfora, Forster relaciona a personagem do primeiro tipo a uma árvore frondosa, em que tudo nasce e floresce à sua volta e o segundo, a uma cerca viva cheia de plantas diferentes que se tocam e se sustentam e que até chegam a se confundir em um emaranhado. Em nova alusão metafórica é possível entender o segundo tipo de romance como reticular, com um amplo universo de relações não lineares e imprevisíveis que não se deixa fixar.

Nova discussão fundamental para compreendermos os processos de construção de personagens no plano literário é sobre a utilização de dois tipos de recursos criativos; o primeiro é sobre o uso de diferentes tipos de personagens e o segundo está ligado à questão estrita do ponto de vista – o lócus do olhar. Forster (2004), a partir de seus estudos, sugere que podemos dividir as personagens em dois tipos básicos: as planas e as esféricas.

No século XVII, as personagens planas eram chamadas *humours*, no sentido de índole ou temperamento, e até hoje são denominadas típicos ou mesmo caricaturas. Na sua forma essencial, são construídas em torno de uma única ideia ou qualidade muito básica. Quando há mais de um elemento nelas, instaura-se o início de uma curva em direção à personagem esférica. Uma grande vantagem das personagens planas é que elas são facilmente reconhecíveis sempre que surgem, já que nunca variam de acordo com as circunstâncias, permanecem inalteradas na essência. Elas são, muitas vezes, uma espécie de tiro certeiro para o autor, visto que tais personagens nunca precisam ser reapresentadas, nunca fogem de suas características e não precisam de observações para se desenvolver e criar suas próprias atmosferas. É uma estratégia muito segura. Outra vantagem é que, posteriormente, essas personagens são facilmente lembradas pelos leitores/intérpretes, pois são definidas por poucos traços muito evidentes, exatamente como acontece na caricatura. Suas qualidades são exacerbadas, hiperbólicas e reiteradas, o que facilita a memorização e o pronto reconhecimento.

Em certa medida, todos nós mantemos um desejo confortável de permanência, queremos que os textos durem muito, que sejam como refúgios, e que seus personagens sejam sempre as mesmas. A existência de personagens planas tende a se justificar por conta desse sentimento humano de busca permanente de segurança e conforto, ainda que cada vez mais seja difícil na sociedade pós-moderna, alicerçada na liquidez, transitoriedade e inconstância (Bauman 2001, 2007), atingir o conforto da permanência.

Todos os argumentos existenciais das personagens planas servem para afastar quaisquer pensamentos e julgamentos simplistas que levem a considerar as personagens planas mais pobres que as esféricas. Em verdade, é muito importante que um romancista ou um roteirista conheça bem cada um desses tipos estratégicos de personagens e que os utilize em momentos e contextos diferentes, de acordo com a necessidade de suas histórias. A convivência harmônica de personagens planas e esféricas em um mesmo romance é, inclusive, algo salutar. Esse contraste traça um paralelo muito preciso com a própria vida, pois no cotidiano sempre teremos pessoas que conhecemos mais profundamente convivendo com outras que, por falta de proximidade e/ou interesse, nos parecem mais superficiais e distintas de tudo.

Contudo, a experiência nos mostra que, quando personagens planas são alimentadas por uma pretensão de representarem criaturas sérias ou até mesmo trágicas, acabam por se tornar cansativas, prolixas e, por consequência, desinteressantes. Não há como negar que a natureza desse tipo de personagem se sobressai em contextos humorísticos e também nas produções destinadas ao público infantil. São comuns nas criações ficcionais para a TV no Brasil, todas de natureza cômica e seriada, as personagens de empregadas domésticas que assumem a centralidade das narrativas. Exemplos são a Edileuza (interpretada por Claudia Jimenez) em *Sai de Baixo*, Marinete (interpretada por Claudia Rodrigues) em *A diarista*, e Bozena (posta em cena pela atriz Alessandra Maestrini) em *Toma lá dá cá*. São nitidamente personagens planas que protagonizam contextos narrativos cômicos.

No entanto, apenas as personagens esféricas podem atuar tragicamente por qualquer extensão de tempo e somente elas podem nos transmitir com total eficiência qualquer outro sentimento que não seja de humor ou de conformidade. As personagens esféricas não são claramente definidas por Forster

(2004), mas concluímos que suas características se traduzem essencialmente ao fato de terem três e não apenas duas dimensões, de serem, portanto, organizadas com maior complexidade e, como consequência, capazes de nos surpreender em qualquer tipo de narrativa. Cabe aqui, uma analogia com as técnicas de design e ilustração: uma imagem de um vaso rachado feita em 2D é plana, tem apenas um lado; portanto, ao olharmos a imagem podemos notar que se trata de um vaso com uma rachadura, mas, ao imaginarmos esse mesmo vaso rachado feito em técnica 3D, podemos ver um objeto que tem textura, possui vários lados e que, por isso, pode, em um primeiro momento, ocultar algumas de suas características e, em um movimento sobre o próprio eixo, revelar a existência de sua rachadura no momento mais adequado. Ou, ainda, os avanços permitidos pelas imagens 3D utilizadas em diagnósticos médicos: a riqueza da imagem traz fatos precisos e, mesmo, inesperados. É mais ou menos essa a perspectiva que um romancista ou um roteirista tem ao manejar criativamente as personagens esféricas. São seres mais complexos, que podem encenar o mistério e o inusitado e revelar suas diversas facetas pouco a pouco, dando a impressão de que se modificam e que, apesar de trazer traços fundamentais em sua caracterização, podem nos surpreender a qualquer momento, com vitalidade e ampla possibilidade de reconhecimento e interação. Retomando o filme *Amadeus*, a personagem de Antonio Salieri (interpretada por F. Murray Abraham), músico da corte austríaca, é uma típica personagem esférica. Complexa, inicialmente impenetrável, pouco a pouco vai revelando de forma surpreendente sua "real" persona: refinamento, inveja, frustração, destruição, insensibilidade etc. Essa potente mistura brilhantemente encarnada deu a F. Murray Abraham o Oscar® de melhor ator em 1984. Outro exemplo emblemático reconhecido com o Oscar® de melhor ator foi a interpretação de Jack Nicholson por meio da personagem Melvin Udall, no filme *Melhor é impossível* de 1997, transitando entre o racismo, o homofobismo, a misantropia, a esquizofrenia e a total sensibilidade; Nicholson fez rir e chorar, brilhou – típica personagem esférica, multifacetada e complexa.

A comprovação de que uma personagem esférica caracteriza-se pela sua capacidade de nos surpreender de maneira convincente evidencia-se em excepcionais interpretações. Se a personagem não surpreende, é plana, e se não convence e até chateia, é plana com pretensão de ser esférica, o que pode ser muito pior que construir uma personagem assumidamente plana.

Forster (2004) apresenta ainda alguns exemplos de personagens esféricas bem-sucedidas na literatura, entre elas podemos destacar as principais personagens de *Guerra e paz*, de Leon Tolstói (1828-1910); todas as de Dostoiévski

(1821-1880); Madame Bovary, de Gustave Flaubert (1821-1880); todas as de Marcel Proust (1871-1922); e Lucy Snowes de Charlotte Brontë (1816-1855).

Como apresentamos anteriormente, o segundo recurso utilizado para construção da personagem na literatura, é o ponto de vista a partir do qual a história é contada. É a reflexão a partir do lócus de quem conta.

Para Lubbock (1976, p. 62), "a ficção é regida, principalmente, pela questão da relação que o narrador mantém com a história contada". Para o autor, o romancista pode descrever as personagens do lado de fora, como um mero observador; pode presumir a onisciência, descrevendo-a a partir de dentro; ou pode ainda situar-se na posição de uma de suas personagens, assumindo não ter clareza sobre as motivações dos demais; ou pode também escolher alguns possíveis caminhos intermediários entre os citados anteriormente. Forster (2004) acrescenta às afirmações de Lubbock a possibilidade de um autor optar por mais de uma dessas possibilidades, variando o ponto de vista do narrador durante o desenrolar da própria história, o que contribui para a complexificação e a polifonia da personagem.

No que se refere à questão do "ponto de vista a partir do qual a história é contada", podemos citar o romancista francês François Mauriac (1952). De acordo com o autor, o maior arsenal do romancista é a memória, de onde se extrai os elementos da invenção e da criatividade, conferindo acentuada ambiguidade às personagens, pois elas não correspondem a pessoas vivas, mas nascem a partir delas. Para Mauriac, cada escritor possui suas "fixações da memória", que preponderam nos elementos transpostos da vida à ficção por ele criada. O autor afirma ainda que, em sua própria obra, avulta a fixação do espaço; as casas dos seus livros são praticamente copiadas das que lhe são familiares. Quanto às personagens, ele afirmou que reproduzia apenas os elementos circunstanciais, tais como a profissão, a educação formal, mas que o essencial era sempre inventado.

Antonio Candido (1964, p. 26) destaca que no mundo fictício "as personagens sempre obedecem a uma lei própria". São mais nítidas, mais conscientes, têm contorno claro e definido.

Em direção complementar, Mauriac (1952) afirmava existir uma relação estreita entre personagem e autor. Para ele, o autor tira de si traços que cederá a suas personagens. Assim, o vínculo entre autor e personagem estabelece um limite natural às possibilidades de criação, visto que a imaginação do romancista não é absoluta nem tampouco totalmente descompromissada. Em sua obra, o autor discute um conceito muito apropriado às nossas reflexões, o da "lei da constância" na criação de romances, ou seja, a manutenção de um "fio condutor" previsível. Para Mauriac (1952), as personagens sempre saem, necessariamente, de um universo inicial que é limitado pelas possibilidades do próprio romancista, por sua natureza humana e artística. É importante ressaltar que o termo "limitado" não significa "reduzido" ou "empobrecido". Partimos do pressuposto de que nenhum autor que viveu ou vive nesse mundo poderia afirmar que possui um universo criativo absolutamente ilimitado. O universo limitado de cada autor é, na verdade, aquilo que dá características comuns à extensão de sua obra, é aquilo que configura as particularidades criativas de cada artista.

Diante dessas considerações sobre o processo criativo de cada autor, Mauriac (1952) estende seus estudos e propõe uma classificação de personagens, levando em conta o grau de afastamento ou proximidade em relação ao ponto de partida na realidade:

1. **Disfarce leve do romancista:** apenas quando começamos a nos desprender, como escritores, da nossa própria alma, é que também o romancista começa a se configurar em nós. Encontramos exemplos dessas personagens nos romancistas memorialistas. Como memorialistas brasileiros podemos destacar Graciliano Ramos, José Lins do Rego, Renato de Alencar, Zelia Gattai entre tantos outros.

2. **Cópia fiel de pessoas reais:** não constituem propriamente criações, mas são reproduções. Ocorrem mais nos romancistas retratistas, como Camilo Castelo Branco, Aluízio de Oliveira e outros.

3. **Inventadas:** são concebidas a partir de um trabalho criativo especial sobre a realidade. Segundo Mauriac (1952), este é o caso dele mesmo, pois, em sua obra ficcional, a realidade é apenas um dado inicial, servindo para concretizar potencialidades imaginadas. Em sua obra há uma relação inversamente proporcional entre fidelidade ao real e o grau de construção, mas admite que as personagens secundárias de seus romances, estas sim, são copiadas de pessoas de "carne e osso".

Antonio Candido (1964, p. 38) contesta a visão de Mauriac (1952) com duas questões fundantes: o autor acredita que Mauriac se iluda ao admitir outro algo que não reconhece em sua própria obra. E continua: "E não seria a terceira a única modalidade de criar personagens válidos?". Para Antonio Candido, podemos admitir que a criação de uma personagem não se baseia em um dos três itens propalados por Mauriac, mas que ela oscila entre dois polos ideais: a transposição fiel de modelos reais e a invenção totalmente imaginária. Para o autor, são estes os dois limites da criação novelística e a combinação variável entre esses dois limites é o que define a obra e cada romancista.

Candido (1964, p. 39) adiciona dizendo que "a verdade da personagem não depende apenas da relação de origem com a vida, com modelos propostos pela observação, interior ou exterior, direta ou indireta, presente ou passada". Para ele, a personagem depende da função que exerce dentro da estrutura do romance. E conclui dizendo que "é mais um problema de organização interna que de equivalência à realidade exterior" (p. 40). Isso quer dizer que, antes de qualquer discussão a respeito da semelhança, da verossimilhança ou da diferença de uma personagem em relação ao mundo real, precisamos encaixar bem essa personagem dentro da estrutura e da lógica da história que está sendo contada. O aspecto mais importante para o estudo do romance é o que resulta da análise de sua composição e não da sua comparação com o mundo real ou imaginário.

É sabido que, dentro da ficção, traços irreais, ou impossíveis de existirem no plano real, podem se tornar verossímeis conforme a capacidade criativa do autor em manejar os elementos de sua história.

Esses acontecimentos, bem como os traços inusitados presentes na personalidade de várias personagens, tornam-se incontestavelmente verossímeis dentro do contexto da narrativa do romance. Cada traço adquire sentido em função de outro, de modo que a verossimilhança, o sentimento de realidade, depende da unificação das partes pela organização do contexto. Toda essa organização contextual é o elemento decisivo para que um leitor-espectador-intérprete consiga aderir à ideia da existência de uma personagem.

Notamos que a visão de Mauriac vai de encontro com a de Candido e também com a de Forster em alguns aspectos relacionados ao processo de criação de personagem. Porém, ao se analisar a obra de cada um dos três autores, que são referenciais, fica evidente que os três estão unidos quando a questão manifesta a importância da personagem no desafio expressivo de se contar uma história.

Outro autor fundamental para a presente discussão é o russo Vladimir Propp (1895-1970), expoente da narratologia, que apresentou importante aprofundamento teórico a respeito das funções das personagens e, nesse sentido, construiu um conceito de personagem singular (Segolin, 1999, p. 38): "personagem nada mais é que um feixe de funções, constituído pelos predicados que designam suas ações ao longo de uma intriga". Por meio do estudo dos contos em sua maioria populares, Propp chegou a trinta e uma funções das personagens, distinguindo sete esferas de ação das personagens/papéis. Assim, temos:

1. **Esfera de ação do agressor ou malfeitor**
   É a esfera daquele personagem que faz o mal. O malfeito ou a privação. Circunscreve ainda o combate e outras formas de luta contra o herói. É o universo sígnico da perseguição.

2. **Esfera de ação do doador ou provedor**
   A preparação para a transmissão do objeto mágico. É o momento da colocação do objeto mágico à disposição do herói. Ou seja, a transmissão do objeto mágico.

3. **Esfera de ação do auxiliar**
   Envolve todas as ações que auxiliam o herói na sua jornada edificante. O deslocamento do herói no espaço. A reparação do malfeito ou mesmo a privação. Às vezes se manifesta como o socorro durante a perseguição, por meio da realização de tarefas difíceis. É a transfiguração do herói.

4. **Esfera de ação da pessoa procurada/princesa e de seu pai**
   A exigência de realização das tarefas difíceis. A imposição de uma marca ou sinal de identificação. Muitas vezes é o momento da descoberta do falso herói e do reconhecimento do verdadeiro herói. A punição do segundo agressor (ou do falso herói).

5. **Esfera da ação do mandante**
   É o momento de transição: o envio do herói.

6. **A esfera de ação do herói**
   É um momento de extrema ação: a busca. A reação às exigências do doador. O casamento.

7. **A esfera do falso herói**
   A partida para a procura (assim como o herói). A reação negativa às exigências do doador. As pretensões mentirosas: a ação do falso herói.

Como se pode notar, para Propp os seres ficcionais reduzem-se a um conjunto de predicados de ação, bastante diferente do conceito consagrado de personagem. Da personagem-função de Propp passamos à personagem-estado que se caracteriza pelo ser atemporalizado, ambíguo, múltiplo, não linear. Na contemporaneidade, a transformação da personagem vincula-se à supervalorização do texto e da metalinguagem em detrimento da funcionalidade tão característica em Propp ou mesmo da personagem-estado.

Quando falamos de criação de personagens, não há como deixar de referenciar os heterônimos de Fernando Pessoa (1888-1935). A heteronímia, de acordo com Segolin (1992, p. 31), permite uma pluralização discursiva, um deslocamento do sujeito. Eduardo Lourenço (1971, p. 40) salienta a dificuldade de a linguagem expressar o mundo real, porque esta é uma imposição de um grupo que se arrogou o poder de dar sentido às coisas. Álvaro de Campos, personagem heteronímica de Pessoa, afirma em uma de suas poesias: "começo a conhecer-me. Não existo. Sou um intervalo entre o que desejo ser e o que os outros me fizeram". É a manifestação da pluralidade e a liminaridade do que somos, ou, como bem expressa Segolin (1992, p. 71), "Álvaro de Campos denota explicitamente a consciência que Pessoa tinha do caráter outro do eu na linguagem, perdido entre o texto do desejo e os múltiplos textos que dizem o eu que não somos".

É possível afirmar que a vida de Fernando Pessoa foi dedicada a criar e que, de tanto criar, criou outras vidas por meio dos seus heterônimos. A criação de heterônimos desde a infância foi sua principal característica e motivo de interesse pela sua pessoa, aparentemente muito pacata e introvertida. Muitos estudiosos e críticos literários questionam se Pessoa realmente teria colocado em evidência seu verdadeiro eu ou se tudo não teria passado de um produto da sua vasta imaginação criativa, o que evidentemente não é problema. Ao tratar de temas subjetivos e usar a heteronímia como recurso, Pessoa torna-se enigmático ao extremo – um "legítimo" produtor de personagens esféricas, para usarmos o conceito de Foster (2004).

A personagem no teatro

O vocábulo grego *theátron* estabelece o lugar físico do espectador, ou seja, o lugar de onde se vê. No entanto, entendemos o teatro como o lugar onde acontece o drama ante aos espectadores – local de representação. Acredita-se que o teatro tenha surgido na Grécia antiga, em IV a.C. De forma bastante sintética, poderíamos dizer que o teatro é uma arte em que um ator interpreta uma história por meio de uma personagem.

De acordo com Pallottini (1989), os fundamentos do teatro grego estão vinculados aos cultos a Dionísio ou Baco, no teatro romano, também chamado Dionísio. No seio da mitologia grega, o culto a Dionísio era eminentemente agrícola, uma vez que Dionísio é o Deus do vinho e da embriaguez e, por isso, a princípio, os ritos em seu nome eram vistos com suspeita pelos mais conservadores; porém, com o tempo, Dionísio triunfou incontestavelmente e sua celebração é oficializada. Música, dança, vinho, e talvez a fumaça de certas sementes, excitavam os fiéis e os levavam a orgias místicas. Em algum momento desse processo, dentre as corridas, as caçadas, a bebida, a comida, o prazer, o disfarce, aconteceu uma importante mudança. Nas festas, cantava-se muito o *ditirambo*, manifestação como um canto coral. Certa vez, por alguma razão desconhecida, o coro teria se dividido em dois semicoros; um passou a responder, cantando, ao outro, criando um diálogo ritmado e embalado pela embriaguez. Em dado momento, quando os semicoros construíam representações sobre sua divindade dionisíaca, um dos homens presentes passou a falar em nome de Dionísio, assumindo a sua existência e falando em primeira pessoa, representando-o. Um grupo de pessoas excitadas, ébrias, em meio à música, suscitou a fictícia aparição do próprio Dionísio que, a partir daí, passou a falar e agir sob posse de um corpo alheio, em uma verdadeira representação embrionária do que viria a ser o teatro que conhecemos.

Indagamo-nos: até que ponto o porta-voz da divindade acreditaria ser o próprio deus? Esse homem que fala em nome de Dionísio é agora sacerdote, professor, ator ou poeta? Quando é que as pessoas ao seu redor deixaram de crer no sacerdote-professor para admirar o trabalho do ator ou poeta?

Mais uma vez, Pallottini (1989, p. 16) encerra sua explanação introdutória de forma incisiva: "Em suma: a que altura o templo passa a ser um teatro e o deus uma ficção? Nesse momento, sem dúvida, nasce o personagem".

Já Magaldi (1998, p. 44), em seu livro *Iniciação ao teatro*, define teatro da seguinte maneira: "A palavra *teatro* abrange ao menos duas acepções fundamentais: o imóvel em que se realizam espetáculos e uma arte específica, transmitida ao público por intermédio do ator".

É impossível negar a importância do ator e, evidentemente, de sua personagem para o teatro. Até mesmo o imóvel em que se realizam os espetáculos pode nem ser um imóvel, o espetáculo pode acontecer na carroceria de um caminhão em movimento ou no Twitter, por exemplo, como está acontecendo nas "encenações" da Royal Shakespeare Academy de Londres, mas seria impossível dispensar os atores e suas personagens de uma obra teatral.

No teatro, os atores nada mais fazem senão representar personagens, "fazer de conta" que são outras pessoas que não eles próprios e, por meio dessas pessoas ficcionais, veicular o conteúdo de uma peça de teatro. Ou, como afirma Propp (1970, p. 96) "a personagem nada mais é que um feixe de funções, constituída pelos predicados que designam suas ações ao longo da intriga".

Em direção contrária da literatura, o teatro não representa suas personagens apenas por massas verbais, mas também por meio de atores vivos, de personagens representadas em carne e osso, com ampla exploração dos movimentos e das falas.

Para Aristóteles (2003, p. 21), em sua *Arte poética*, a tendência para a imitação é instintiva no homem, revelada desde a infância. Nesse ponto, o homem distingue-se de todos os outros seres por sua aptidão muito desenvolvida para a imitação.

É possível dizer que a ação dramática é o movimento interno da peça de teatro, mas que conduz a ação produzindo a tensão e, nesse sentido, exercita a sua vontade, mostra seus sentimentos, sofre por suas paixões, é personagem. A personagem é um fator determinante na ação, que é resultado de sua existência e da forma como é apresentada. Essa situação faz do teatro um ambiente onde o ator se torna portador que empresta corpo e alma à personagem. Um ser humano abriga outro ser, agora, imaginado.

Para a construção da personagem, o ator estuda, reúne e seleciona traços distintos do ser, traços esses que delineiam um ser ficcional, adequado ao propósito do seu criador e exercita incansavelmente esses elementos. Segundo Stanislavski (2009, p. 27) "a materialização física de uma personagem a ser criada surge espontaneamente, desde que se tenha estabelecido os valores internos certos".

Para Rosenfeld (1995, p. 52), em *A personagem de ficção*, as semelhanças entre o romance e o teatro consistem na natureza comum de ambos se dedicarem a contar histórias que possivelmente aconteceram em algum lugar, em algum tempo, com certo número de pessoas. Mas, para o autor, as pessoas, ou melhor, as personagens são constituídas no melhor ponto de distinção entre as duas formas de arte. No romance, muitas vezes a personagem é um elemento disperso entre vários outros, ainda que, em diversos casos, seja ele o principal. No teatro, ao contrário, as personagens constituem praticamente a totalidade da obra: nada existe a não ser por meio delas.

O próprio cenário se apresenta, não poucas vezes, por seu intermédio, e Rosenfeld (1995, p. 55) relembra a frase de um espectador diante do palco praticamente vazio em uma das famosas encenações de Jacques Copeau: "como não havia nada que ver, viam-se as palavras".

A relevância da questão é tão patente, que é notável uma corrente estética contemporânea que procura reduzir o cenário quase à neutralidade, para que a presença das personagens se afirme com pureza ainda maior. A peça *Aldeotas*, texto de Gero Camilo, apresentada entre 2006 e 2008 no Tuca (Teatro da PUC-SP), pelo próprio Gero Camilo e pelo ator Caco Ciocler, é um exemplo dessa corrente. Em um tapete circular de cor neutra, com um figurino sem marcas, sem objetos de cena e muito pouca interferência de iluminação, era possível ver roupas, cores, formas e paisagens apenas em função da presença das personagens no corpo dos atores.

Em síntese, podemos dizer que tanto o romance quanto o teatro falam ao homem. A diferença é que, no teatro, o homem faz isso pelo próprio corpo.

Trata-se de uma arte visceral, feita na presença viva e carnal do próprio ator. Acrescenta-se que em todas as artes literárias e nas que exprimem, narram ou representam histórias, a personagem realmente constitui a ficção. Contudo, no teatro, a personagem não só constitui a ficção, mas inaugura o próprio espetáculo por meio do ator. É que o teatro é exclusivamente ficção, ao passo que a literatura e o audiovisual também podem servir, através de imagens, sons e palavras, a outros fins como o documentário, a ciência e a informação jornalística.

Retornando a Aristóteles (2003, p. 83), percebemos que o filósofo foi o primeiro a apresentar a questão: "teatro é ação, romance é narração". Diante dessa afirmação e da própria observação das artes, compreendemos que a personagem teatral dispensa a mediação do narrador em relação a seu público. No teatro, a história não é apenas contada; diferentemente da literatura, ela é mostrada ou, melhor ainda, ela é exibida visualmente e, cada vez mais sinestesicamente, para seus espectadores. Algo que também é muito marcante quando analisamos a criação de personagens no meio digital.

Conforme nos apresenta Rosenfeld (1995), essa diferença "ação e narração" é que traz a vantagem específica do teatro. O fato de a história não ser lida, mas sim mostrada, assume uma condição muito mais persuasiva e atinge, inclusive, as pessoas incapazes de ler, ou melhor, atinge até mesmo aquelas pessoas que estão impedidas de decodificar a história que é contada. Em direção contrária da literatura, desde suas origens, o teatro sempre foi uma arte para todos, sempre relacionada à democracia, constituindo uma forma de história praticada nas ruas, pelo povo e aos olhos dele. Manifestar explicitamente essa diferença pode parecer desnecessário, porém, não esqueçamos de que tanto a literatura quanto o teatro são artes seculares que coabitam desde os tempos remotos, ou seja, ambos contam histórias para o público, desde o momento em que os iletrados constituam a maior parte da população. Essa diferença fez com que cada uma das artes desenvolvesse uma maneira específica de dialogar com seus públicos, mas na diversidade das formas a personagem, seja ela feita de massas verbais ou corporais com seus recursos plurais, sempre acaba assumindo a centralidade de qualquer história.

Décio de Almeida Prado (1993, p. 37) apresenta três caminhos principais para se caracterizar uma personagem no teatro:

1. o que a personagem revela sobre si mesma;
2. o que a personagem faz;
3. e o que os outros dizem a respeito da personagem.

A primeira forma se manifesta quando é preciso trazer à tona o mundo submerso dos sentimentos e reflexões complexas que não conseguem ser faladas, decodificadas e transmitidas de modo simples. No teatro, torna-se necessário não só traduzir em palavras, mas tornar consciente o que deveria permanecer em semiconsciência, e ainda comunicá-lo por meio do diálogo, já que o espectador, ao contrário do leitor, não tem acesso direto à consciência moral, ética ou psicológica da personagem. Com o passar dos tempos, o teatro criou pelo menos três instrumentos para esse trabalho de prospecção e manifestação sígnica do interior, que são: o confidente, o aparte e o monólogo. O confidente é o desdobramento do herói, é o *alterego* (do latim *alter* = outro e *egus* = eu), é uma personagem perante a qual as outras personagens deixam cair todas as defesas, as máscaras, confessando até o inconfessável. Já no aparte, o confidente somos nós, consiste em um instrumento em que fica construído e instituído que somente o público pode ouvir as suas construções e seus planejamentos mentais, a personagem se afasta das demais e fala com o público. E no monólogo o ator está sozinho, acompanhado apenas da plateia, em uma permanente conversa consigo mesmo, interpretando e revelando sua própria personagem, extravasando seus pensamentos e emoções sem dirigir-se a um espectador específico.

Esses mecanismos de revelação interior podem ser encapsulados dentro da primeira das vias de caracterização de personagens, a saber: "o que o personagem revela sobre si mesma".

O segundo caminho possível, "o que a personagem faz", revela que a ação é não somente o meio mais potente e constante do teatro através dos tempos, como também o único alinhado com os preceitos do real. Se tivermos a intenção de delinear dramaticamente a personagem, devemos ater-nos à esfera do comportamento, ou seja, à psicologia externa e não à introspectiva. Inúmeros são os métodos que um ator utiliza para interpretar suas personagens no teatro. Mas é preciso dizer que, do ponto de vista da história, pouco importa que o ator sinta dentro de si a paixão, é necessário que ele a interprete de fato, isto é, que ele exteriorize tal sentimento por suas inflexões, por seu timbre de voz, por seu modo de andar e pelo conjunto expressivo de seu corpo. Da mesma forma, o ator tem de exibir a personagem ao público, transformando em atos planejados seus estados de espírito. Estudiosos da arte dramática chegaram a definir o teatro como a arte do conflito, pois somente o choque entre dois temperamentos, duas ambições, duas concepções de vida, dois estados de espírito obrigaria as duas personalidades submetidas ao confronto a se entregarem e se determinarem totalmente. Esse seria o papel do antagonista, opositor ao protagonista ou, ainda, das personagens chamadas de contraste, que são colocadas ao lado do protagonista para lhe conferir ainda mais relevância.

No contexto da cenografia é preciso levar em conta, também, a questão da ação do tempo. Em uma peça, a história completa todo o seu ciclo em apenas duas ou três horas de duração. O ritmo do palco está sempre acelerado: paixões surgem, guerras são travadas, reinos são erguidos e destruídos, tudo acontece em poucos minutos. Esse tempo característico do teatro não poderia deixar de influenciar nosso objeto de estudo: a personagem, realçando-lhe os traços, favorecendo os efeitos de força e impacto em relação à delicadeza.

Prado (1993) afirma, na terceira via de caracterização de personagens no teatro intitulada "pelo que os outros dizem a respeito do personagem", que o autor teatral, na medida em que se expressa por meio das personagens, não pode deixar de lhes conferir também um grau de consciência crítica que em diversas circunstâncias não teriam ou não precisariam existir.

Também na filosofia encontramos estudos grandiosos e esclarecedores para o entendimento da personagem no teatro. Hegel (2001), filósofo alemão que viveu mergulhado em uma época de grandes conflitos sociais e que também dedicou-se a reflexões acerca da dramaturgia, considerava o drama como o ponto culminante da poesia e da arte, de modo geral. Para o filósofo, isso acontece porque o drama utiliza a palavra e une a objetividade da epopeia[1] e a subjetividade da poesia lírica. E, para ele, o drama seria o espetáculo de uma luta de personagens vivas que perseguem alvos contrários em meio a situações permeadas de obstáculos, entraves e perigos. Resultado de uma civilização avançada, o drama deve ser constituído pela dinâmica de *uma pessoa moral em ação*. Ainda, segundo Hegel (2001), o protagonista do drama não deve ostentar um conjunto completo de qualidades, mas deve se constituir em um caráter que guarde relação com a ação e com seu fim determinado. É este fim que estabelece o desenvolvimento do caráter individual, o suporte identitário da personagem.

Ao nos debruçarmos sobre as observações de Hegel acerca das personagens, entendemos que a personagem é o verdadeiro centro da representação artística idealizada, pois é nela que se concretiza a individualidade verdadeiramente livre e incontestável.

Outro estudioso fundamental da teoria dramática foi Bertold Brecht (1898-1956). Brecht reformulou a relação autor–personagem em termos originais, tornando esta a questão central da dramaturgia a partir do século XX.

---

[1] Poema épico ou longa narrativa em prosa, que exalta ações memoráveis de um herói histórico ou legendário que representa uma coletividade. Eventos extraordinários.

Como marxista que passou a ser, seu objetivo era o de instituir um teatro político e ativista, que incitasse à ação e não simplesmente à contemplação da arte. A presença do autor em seus espetáculos fazia-se sentir clara, mas indiretamente, por meio do espetáculo propositalmente teatral. O método de Brecht lembrava o do filósofo ateniense Sócrates (469-399 a.C.) com sua maiêutica, o "parto das ideias": era pela ironia que ele buscava despertar o espírito crítico do espectador, obrigando-o a reagir, a procurar por si mesmo a verdade. A peça, chamada por ele de "experimento sociológico", não dava respostas, mas fazia perguntas. E nesse modelo a personagem não perde a sua independência, ela não abdica de suas características pessoais, suas verdades; mas quando encena, quando está diante da plateia, admitindo que está no palco, passa a outro modo de existência. Essa concepção particular de teatro foi denominada por Brecht como "épica", em contraposição à "dramática", como havia sido definida por Aristóteles (384-322 a.C.). A concepção épica é justamente aquela que modifica também a relação entre ator–personagem. Nesse sentido, o intérprete não deve encarnar a personagem com o objetivo de se anular, de sucumbir dentro dele. Na mesma direção reflexiva, Diderot (2001) sustentava que a encarnação do ator nunca é total; para ele, trata-se de uma impossibilidade psicológica e não de um ato deliberado de natureza crítica, como apregoava Brecht. Para este último, o ator deve equilibrar duas tarefas ao mesmo tempo: 1) configurar e 2) criticar sua personagem, expondo simultaneamente seus defeitos e suas qualidades. No entanto, Almeida Prado (1993) assinala que tal perspectiva crítica sobre a relação ator–personagem não é exatamente nova, o expressionismo alemão, por exemplo, já a empregava consciente e deliberadamente, uma vez que entendia a arte como reflexo direto do mundo interior do artista expressionista. O que Brecht adicionou de forma inovadora a esse respeito foi explorar em profundidade uma das vertentes possíveis do teatro, arquitetando as bases para a construção do teatro alemão esquerdista da década de 1920.

Rosenfeld (1995, p. 39) destaca que, para saber dialogar em teatro, não é necessário dominar a técnica da linguagem escrita, segundo ele "basta ter bom ouvido, apanhar e reproduzir com exatidão a língua falada nas ruas". Os grandes dramaturgos sempre se mostraram capazes de elaborar um estilo pessoal e artístico a partir das sugestões oferecidas pela palavra falada, aproveitando sugestões das paródias, das gírias, das incorreções populares e da vitalidade, quase física, de se expressar por meio da fala.

De qualquer modo, ao analisarmos todos os pensamentos percorridos de Aristóteles a Brecht, de Sócrates a Hegel, de Pallottini a Rosenfeld, Décio de Almeida Prado a Segolin, passando por Magaldi, Propp e Stanislavski, entendemos que o teatro é uma arte em que a criação, ou, ainda, a construção da personagem é, de fato, apresentada para o público. Em franca oposição à literatura, no teatro esse processo não passa apenas pelas mãos do autor, mas também pelas mãos do diretor e, principalmente, pelo corpo vivo de quem o interpreta, o ator. A partir desse ponto de vista, entendemos que o dramaturgo não está longe de se assemelhar ao Deus, seu papel se limita ao poder da criação inicial, excluindo qualquer possibilidade de interferência posterior. Entretanto, o mesmo impulso que levou os autores a escrever as peças, fez que eles expusessem seus pontos de vista. Daí esse eterno embate criativo entre autor, ator e personagem dentro da expressão artística do teatro, cada vez mais aberto a dialogia dos intérpretes.

A construção da personagem no cinema e na televisão

Como vimos, no teatro, a história não é apenas contada, diferentemente da literatura, ela é mostrada, encenada, exibida visualmente para seus espectadores. O mesmo acontece com o cinema e com todas as outras formas de expressão audiovisual, como a televisão, a internet etc.

Na literatura, a relação da personagem com o público se dá por intermédio de quem conta a história, ou seja, do narrador que, como vimos, pode assumir diversos pontos de vista. No entanto, no teatro, em geral, o ator empresta seu corpo à personagem e dispensa a mediação de um narrador para impactar seus espectadores. No entanto, no caso do cinema, podemos afirmar que estamos lidando com uma forma de expressão que possui os meios necessários para unir, em uma só história, tanto ação quanto narração.

Segundo Paulo Emílio Gomes (1995, p. 81), "o cinema é tributário de todas as linguagens, artísticas ou não, e mal pode prescindir desses apoios que eventualmente digere". Ainda de acordo com o autor, de tão influenciado pelas diferentes linguagens, o cinema poderia limitar-se ao tratamento de dois assuntos: "o que o cinema deve à literatura" e "o que o cinema deve ao teatro".

Da mesma forma, como nos espetáculos teatrais, no cinema e na televisão temos as personagens da ação encarnadas por atores vivos. Porém, devido aos recursos narrativos do cinema, as personagens adquirem uma grande mobilidade no tempo e no espaço, similar àquela das personagens de um romance. Se, como já observamos anteriormente, na literatura o autor tem total domínio sobre a construção da personagem e se no teatro tal construção é resultado de um eterno embate entre autor, diretor e ator, no cinema a figura do diretor se torna muito mais influente na construção da personagem, e no cinema contamos ainda com elementos como: movimentos de câmera, caracterização de figurino, iluminação, trilha sonora e a montagem, tudo isso torna particular e diferente a tarefa de construir uma personagem.

Retomando nossas reflexões iniciais sobre as diversas formas de situar a personagem do romance, verificaremos que são todas também válidas para o cinema, seja a narração objetiva dos fatos, seja a adoção, pelo narrador, do ponto de vista de uma ou mais personagens, ou ainda a narração em primeira pessoa. Parece-nos que a fórmula mais corrente no cinema é a objetiva, aquela em que o narrador se retrai ao máximo para deixar o campo livre às personagens e suas ações.

Diferentemente da literatura, no cinema o narrador não precisa utilizar massas verbais para construir os cenários e os ambientes onde a história se passa, pois, como já foi dito, trata-se de uma arte que não é apenas contada, mas sim mostrada, visualmente exibida. Abre-se aqui todo o universo de sentido da sinestesia decorrente das formas, cores, texturas, materiais etc. que, no conjunto, construirão sentido.

Com frequência, a estrutura de um filme está baseada na disposição do narrador em assumir, por diversas vezes, o ponto de vista de sucessivas personagens. Um dos exemplos marcantes desse estilo é *Cidadão Kane*, lançado em 1941, primeiro e célebre longa-metragem de Orson Welles (1915-1985). No filme, a vida da personalidade central é apresentada por meio de testemunhos de seus antigos amigos e colaboradores, de sua ex-mulher e de outras figuras menos importantes. Só não conhecemos o ponto de vista do próprio Charles Foster Kane, pelo menos até o momento em que a câmera assume o papel de narradora e em seu *flâneur* nos apresenta alguns esclarecimentos, mas, ainda assim, não é o ponto de vista do protagonista. Também cabe destacar que nesse filme Welles foi diretor, corroteirista, produtor e ator, múltiplos papéis que só colaboraram para a construção de uma obra notável.

No início do cinema falado, a tendência geral era a de empregar a palavra apenas de forma muito objetiva, ou seja, os diálogos eram utilizados para complementar as ações, guardando forte influência do cinema mudo. Mais tarde, a palavra passou a ser empregada como um instrumento narrativo, e, em certas circunstâncias, o cinema empregou o método narrativo com grande ênfase. A narração falada se processa igualmente dos mais variados pontos de vista, podendo, em alguns casos, imperar o narrador ausente da ação, em outros a narração é feita do ponto de vista de alguma personagem específica da história.

Um exemplo do emprego desse recurso no cinema brasileiro está presente no filme *Tropa de elite*, de 2007, do diretor José Padilha, ganhador do Urso de Ouro de Melhor Filme no Festival de Berlin em 2008. No longa-metragem, a personagem principal é o Capitão Nascimento (encarnado pelo ator Wagner Moura), um militar do Batalhão de Operações Policiais Especiais (Bope) do Estado do Rio de Janeiro, que nos narra suas dificuldades profissionais e meandros das relações pessoais durante boa parte do filme. A utilização da narração em *voz over* do Capitão Nascimento é tão marcante que, além de situar a história e de contextualizar a ação, ela promove um mergulho intenso à consciência da personagem e confere uma vivacidade ainda maior para esse ser que está se mostrando pouco a pouco aos seus espectadores. O filme é tão marcado pela opção narrativa, que é difícil imaginar como seria contada a história sem a utilização da narração do Capitão Nascimento. Nesse filme, é como se tivéssemos dois níveis de narração, um fornecido pela profusão de imagens e outro pela voz do protagonista. A narrativa visual nos coloca diante do que seria o mais "fácil" e imediato, já o narrador sabe muito mais e nos oferece dados específicos da ação de traficantes, da polícia, das pessoas a sua volta, tudo para enriquecer em detalhes e vivacidade a história que está sendo contada visual e verbalmente.

Novo horizonte se abriu à palavra quando esta deixou de ser utilizada tão somente como suporte objetivo das cenas escapando às limitações impostas pelos diálogos. Uma perspectiva de possibilidades estéticas e narrativas foi criada, o que alterou definitivamente a maneira de ver, produzir e analisar cinema. No cinema, o texto, materializado pelo roteiro, é uma condição quase obrigatória, principalmente quando se está trabalhando com atores, pois, mesmo que haja improvisos, é muito estreita a relação entre texto e ator. O mesmo não ocorre com experimentações e em muitas situações no cinema documental e no cinema antropológico no qual o roteiro pode até mesmo não existir.

Ainda que, por opção estética ou ideológica, um diretor de teatro ou de cinema opte por não apresentar o texto na íntegra antes de cada cena, ele terá de fazê-lo um pouco antes de prepará-la ou ainda dar uma sinopse para que o ator possa criá-la. Mesmo quando há improviso, ele está sempre ligado a uma concepção maior que caracteriza e delimita as possibilidades da personagem, ou seja, não podemos dizer, de maneira peremptória, que não existe um texto.

No cinema, materializamos a máxima, "o verbo se fazendo carne" e a carne se transformando em imagem na película ou na captação digital. Podemos dizer, de maneira sintética, que a linha da vida de uma personagem nasce no texto de um roteirista, passa pelo diretor, que inclui aí a sua visão de mundo, e somente depois é materializada na interpretação do ator. Sem, no entanto, deixar de lado que, após todo o trabalho de interpretação do ator, o diretor vai para o estúdio de montagem onde uma boa carga da personagem ainda pode ser construída e reconstruída com o uso de recursos como cortes, sequências, efeitos visuais e trilhas sonoras, cada vez mais variados, potentes e de fácil manejo.

O roteiro cinematográfico, por mais que possa ser publicado, e lido, sempre foi visto como um referencial de onde "surgem" os filmes. É notório que o desenvolvimento do cinema nacional na última década trouxe também uma série de subprodutos e a publicação dos roteiros de filmes é um deles. Podemos citar o sucesso de publicações de roteiro dos filmes *Carandiru* (2002, dirigido por Héctor Babenco, roteiro de Héctor Babenco, Fernando Bonassi e Victor Navas), *O invasor* (2001, dirigido por Beto Brant, roteiro de Marçal Aquino, Beto Brant e Renato Ciasca), *Cidade de Deus* (dirigido por Fernando Meireles, roteiro de Bráulio Mantovani) e tantos outros.

Gabriel Garcia Márquez (2001, p. 13), nas suas reflexões sobre a construção de roteiros, afirma que "as linhas gerais da história podem ser elaboradas coletivamente, mas na hora de escrever o roteiro, a tarefa tem de ser de um só". Tal afirmação é relevante, pois parte de um autor que trabalhava coletivamente em sua Oficina de Roteiros com base no México, Cuba, Colômbia e Venezuela.

No processo criativo de um roteiro de cinema, o item primordial que o autor vai se defrontar diz respeito às personagens que irão compor a história. Momento em que surge uma série de problemáticas sobre a atuação da personagem: ela é o não protagonista; como ele se caracteriza; quais são suas tensões constitutivas; quais são seus interesses etc. Para Syd Field (1982), em seu mundialmente célebre *Manual de roteiro*, na linguagem do roteiro, ação é o mesmo que personagem, ou seja, para o autor, no roteiro de cinema uma pessoa é simplesmente o que ela faz. Já para Vogler (2006), a personagem é o que faz a história existir ao longo de uma jornada, permeada por estágios de progressão de sua vida, dos quais o espectador pode contemplar ou partilhar. Durante esse caminhar, os arquétipos se manifestam nas personagens para levar a ação a um bom termo. Já para Aristóteles (2003), o princípio de caracterização da personagem é a existência de um caráter e de um pensamento, somados a características particulares que a levam à ação dramática.

Em direção semelhante Mckee (2006), autor de *Story*, identifica a personagem com a própria história e afirma que, para se compreender o desenrolar da trama e entender sua organicidade, é necessário ver o trabalho "por dentro", ou seja, com os olhos das personagens.

É possível pensar o cinema como um sistema formal, e que a compreensão de um filme ocorre na mente de um espectador, pelas conexões dos princípios narrativos, ou seja, que ela ocorre fora da obra propriamente dita. Nesse entendimento, qualquer elemento que constitui o filme assume funções justificadas pelas motivações. As personagens, como elementos do filme, também assumem funções e não são independentes do fluxo do filme, ao contrário, são tão intimamente ligadas à história e seu percurso passa a ser a própria história. São os agentes e os alvos na construção da ação do encadeamento causal. Field (1982, p. 17) afirma que: "sem personagens não há história, sem história não há personagens". A personagem é ação e não necessariamente o que diz ou pensa que é ou ainda o que dizem que ela é.

Por mais que sejam baseados em personalidades reais e em acontecimentos verídicos, como é o caso, por exemplo, do filme *Carandiru* (história baseada em fatos reais e no livro *Estação Carandiru* do médico de Dráuzio Varella), as personagens são sempre fictícias, pois são construídas por traços identitários que permitem o andamento da narrativa estruturada em um determinado roteiro. O tipo de traços e a quantidade desses traços que as personagens terão na trama estão vinculados às necessidades específicas de cada narrativa. É notório que, quanto mais traços a personagem carrega, mais interessante e real ela aparenta ser, tornando-se única; aqui alinhamos às reflexões sobre as personagens redondas ou esféricas de Forster. Porém, nem sempre é necessário que todas as personagens sejam tão complexas, esféricas, o que se faz, como explica Pallottini (1989), não é uma reunião de todos os traços possíveis de serem encontrados em uma pessoa, mas da reunião específica de traços. O fundamental é a escolha e a coerência dos traços no conjunto. Normalmente, os protagonistas com os quais o público pode/deve se identificar carregam mais traços, porque suas ações conduzem a trama. É nessa modelagem da personagem que está embutida a necessidade dramática que, diante dos obstáculos, criarão as tensões, os conflitos que farão emergir a essência dramática da história.

A personagem é agente da ação e, ao mesmo tempo, é o alvo do encadeamento de suas próprias ações. Vale reforçar que sem personagens as histórias não existem. Mesmo o mundo físico onde se passa a história é permeado por este ser central. Se a personagem se encontra no futuro, no passado, em um mundo mental, em um mundo digital é por intermédio dela que se formará o entorno, o contexto, o cenário. A força da personagem pode até mesmo conduzir a uma forma de revelação temporal do filme, caso notório em *Doze Macacos*, filme de David e Janet Peoples, dirigido por Terry Gillian, baseado no curta metragem francês *La Jetée*. Jeffrey Goines (Brad Pitt) navega no passado e no futuro criando conexões de memória e fatos que vão revelando a temporalidade do filme. Notório o uso da bala (retirada do corpo de Jeffrey) funcionar como prova de sua navegação pelo tempo, uma vez que era um projétil da Primeira Guerra Mundial.

Mais do que isso, nas narrativas há o fator de identificação da plateia, e essa identificação se faz muito por meio da personagem, e por isso deve estar previsto na criação do roteiro. Quando mencionamos identificação entre público e personagem, consideramos ir mais adiante da identificação puramente psicológica, em que o espectador se transporta para dentro da personagem como se fosse ela própria. Mulheres também se identificam com a personagem masculina, como o fotógrafo de moda Thomas de *Blow-up* (*Depois daquele beijo*), filme de 1996 de Michelangelo Antonioni, e os homens também podem se identificar com uma personagem feminina, como *Juno* (2007) no longa-metragem de mesmo nome dirigido por Jason Reitman. E, quando a personagem com a qual o espectador havia se identificado morre ou é abandonada, ele é levado a adotar outra referência dentro da história, ou seja, é encaminhado para a busca de um novo ponto de vista, assim a identificação ocorre na narrativa, no ponto de vista do qual se verá o mundo. Em muitas situações, a personagem com a qual o público se identifica nem precisa ser propriamente agradável, mas deverá apresentar potencialidades que levem o espectador-intérprete a acompanhá-la por uma transformação que seja surpreendente. Algo que, aliás, deve acontecer com toda personagem esférica, assim como postulou Forster. Exemplo emblemático é o de Shrek, personagem criada pelos estúdios Dreamworks em 2001, baseado no conto de Willian Steig, em que um ogro com hábitos e atitudes pouco agradáveis como arrotar, gritar, cuspir etc. conquista crianças, jovens e adultos. Aliás, personagens monstros podem ter grande fascínio e identificação; no próximo capítulo, "Mascotes: fetiche contemporâneo", a temática será amplamente abordada.

Podemos citar uma série de filmes de personagens, ou seja, de casos em que é nas personagens e em suas ações que está a grande força emocional que conduz toda a trama. Estamos falando de filmes nos quais a força de apenas uma boa personagem é capaz de nos carregar até o final da história. Entre elas a de Dev Patel, encarnada em Jamal Malik no longa-metragem de Danny Boyle, de 2008, intitulado *Slumdog millionaire*, em português *Quem quer ser um milionário?*. Jamal, prestes a ganhar um prêmio de 20 mil rúpias em um concurso na televisão, é preso por suspeita de fraudes, e, na tentativa de provar a sua inocência, passa a contar a sua história nas ruas de Mumbai. Ganhador de 8 prêmios Oscar® em 2009, é um típico filme em que a personagem central é a responsável por guiar os espectadores por toda a trama.

A resultante da incidência de personagens ricas, complexas, esféricas, com virtudes e defeitos evidentes, se deve à elaboração de um roteiro com alto teor de conflitos no encadeamento das ações das personagens.

Como já foi dito anteriormente, no cinema, assim como no teatro, as personagens encarnam em pessoas vivas, ou seja, em atores. De acordo com Paulo Emilio, a articulação que se produz entre as personagens encarnadas e o público nos leva imediatamente a algumas comparações:

> De certo ângulo, a intimidade que adquirimos com o personagem é maior no cinema que no teatro. Neste último, a relação se estabelece dentro de um distanciamento que não se altera fundamentalmente. Temos sempre os personagens da cabeça aos pés, diferentemente do que ocorre na realidade, onde vemos ora o conjunto do corpo, ora o busto, ora a cabeça, e em detalhes, a boca, os olhos, um olho só. (Gomes, 1995, p. 94)

E se pensarmos nessa consideração, é possível entender que a linguagem cinematográfica, com suas diversas possibilidades de planos, de movimentos de câmera e cortes, está mais apta a explorar tal proximidade entre personagem e espectador.

No teatro, a decupagem dos planos que serão vistos é ordenada pelos olhos de cada espectador; em cada cena, o espectador tem a liberdade, e também a dificuldade, de enquadrar com o seu próprio olhar os atores e a cenografia conforme lhe convier. No entanto, no cinema, vemos o mundo a partir de uma determinada óptica, ou materializada pela sequência de planos fixada pelo diretor e pelo montador, que nem sempre são a mesma pessoa. Podemos dizer, portanto, que, de certa maneira, estamos enxergando as cenas a partir de olhos alheios, o que, em relação ao teatro, nos tira liberdade, mas nos revela uma série de detalhes que seriam impossíveis de serem vistos no palco. Podemos afirmar, inclusive, que essa possibilidade que existe no cinema pode e deve ser utilizada pelo diretor com o fim de caracterizar determinada personagem. Na caracterização de uma personagem ansiosa, por exemplo, a câmera pode se movimentar de uma maneira específica, a trilha sonora também poderá contribuir e a montagem pode seguir um ritmo de cortes que reforce essa ansiedade da personagem e, dessa maneira, as escolhas de movimento de câmera e de ritmo de corte acabam por construir a personagem aos olhos do espectador.

No cinema, as indicações a respeito da personagem constituem apenas uma fase preliminar de um processo de caracterização com grande complexidade. Processo este que tem início com o argumento, passa pelo roteiro, chega ao diretor, que inclui elementos estéticos e narrativos em torno desse ator que, agora, na frente das câmeras, deve encarnar sua personagem exercitando suas habilidades dramáticas.

A relação construída entre diretor e ator na configuração de uma personagem tem ganhado destaque no cinema na última década. A preparação do elenco tem-se destacado com uma importante etapa nas produções recentes e, inclusive, no Brasil já temos muitos profissionais especializando-se na "preparação de elenco cinematográfico" e também para a televisão. Trata-se de um profissional que vai auxiliar o diretor no campo específico da relação e da preparação do elenco.

São inegáveis os ensinamentos de Constantin Stanislavski (1863-1938), teatrólogo russo, na formação de atores tanto de teatro quanto de cinema. Stanislavski propunha uma representação não baseada na emoção por si própria, mas na busca em si mesmo de uma emoção verdadeira, de dentro do ator. Acreditava que o teatro havia se tornado uma grande mentira e que só a verdade era comovente, e assim, propunha que o homem-ator fosse intérprete de si mesmo. Vemos com essa certeza que uma interiorização do processo criativo se remeta a um aprofundamento da ligação pessoa/personagem, texto/ator, uma preocupação que se reitera ao longo de todas propostas apresentadas pelo teatrólogo, perpetuadas com grande força nos EUA, mas em praticamente todas as partes do mundo.

Stanislavski (2009) não procurou estabelecer um sistema fechado de regras, ao contrário, seu trabalho teve diferentes fases, uma mais voltada à perspectiva psicológica do ator, chegando inclusive a sugerir que os atores utilizassem seu *background* emotivo para resgatar certas emoções, o que ele denominou memória emotiva. Outra contribuição fundamental foram seus estudos a respeito da dimensão física, mas voltada aos gestos, às fisionomias, aos exercícios mais mecânicos da ação interpretativa.

O teatrólogo russo não é o criador do chamado *Method Actor*, que teve como principais e primeiros expoentes Marlon Brando e James Dean, mas foi a partir de suas teorias que esse método foi desenvolvido na tentativa de atender às necessidades específicas da atuação para o cinema. Relutou muito em sistematizar seus ensinamentos porque temia o aprisionamento dos atores, o que de certo modo tinha razão. De acordo com o método, em um primeiro momento é preciso que o ator faça o máximo de exercícios de improvisação para, somente depois de a personagem internalizada (ou externalizada), se apropriar dos textos, das falas, das cenas. Muitos atores famosos no teatro e no cinema, de várias gerações, percorreram e exercitaram os ensinamentos de Stanislavski, como Jack Nicholson, Paul Newman, Dustin Hoffman, Robert De Niro e Johnny Depp, por exemplo.

Em uma observação implicada é possível notar que existem diversos casos em que, dentro desse processo de preparação, o ator acaba não apenas por ler e seguir o roteiro que recebe, mas também por criar características e até mesmo falas que não estavam no roteiro, e estas podem ter um imenso peso na constituição da personagem. No filme, adaptação do livro de Saramago *Ensaio sobre a cegueira*, feito por Fernando Meirelles, nos deparamos com um excepcional exemplo de como a relação entre diretor e ator, bem como os níveis de controle e de liberdade dessa relação, pode interferir na construção de uma personagem para além do roteiro. Durante a produção do filme, Fernando Meirelles manteve um blog no qual registrou várias dessas interações (www.blogdeblindness.blogspot.com, *posts* de 2007). Fica provado que, dependendo da relação com o diretor, no cinema, o ator também pode participar ativamente do complexo e criativo processo de construção de personagem.

Mas há também a montagem, que pode reforçar ou até esconder momentos bons e ruins dos atores. Linguagem corrente no cinema que existem casos em que atrizes e atores ganharam prêmios importantes à custa de um intenso trabalho do montador e do diretor que, na montagem, acabaram por redesenhar e pôr em evidência a melhor interpretação dos atores.

Também como parte do processo de produção e finalização do filme, ainda temos algo que pode alterar completamente a percepção do público em relação a uma personagem, que é a trilha sonora. Quando uma trilha é composta para uma personagem específica e acaba sendo utilizada nas diversas vezes em que ela aparece, passamos a considerar a música como mais um elemento de caracterização e dramatização. Distintos andamentos e versões de uma mesma melodia podem ser utilizados para marcar os diferentes momentos e sensações da personagem na história. Há casos em que a trilha sonora se identifica tanto com a personagem que em determinadas cenas, antes mesmo de a personagem estar em quadro, a trilha já "nos diz" que ela vai surgir. A trilha passa a ser um signo sonoro identitário.

São muitos fatores e muitas pessoas – roteiristas, diretores, fotógrafos, preparadores de elenco, atores, montadores, músicos – envolvidos no trabalho de construção de personagem no cinema e na televisão, apesar desta última ter um ritmo completamente diferente.

Um filme é uma expressão artística e, como todas as artes, seu resultado está sujeito às peculiaridades e genialidades dos artistas. Mais ainda, no caso da literatura, podemos dizer que a arte está sujeita às peculiaridades de seu artista, mas, no caso do cinema, o resultado final está sujeito às peculiaridades de vários artistas, pois estamos falando de uma forma de arte coletiva, feita por muitas pessoas e que se manifesta como resultado de muitas e intensas relações pessoais. E é essa magia das relações que coloca uma cereja a mais na construção das personagens dentro da arte cinematográfica e televisiva também.

A construção de personagens e a identidade psicossocial: cotidiana e digital

Carnaval: a inversão do cotidiano

Quiçá o Carnaval, particularmente vivido no Brasil, sem falsa modéstia, seja mesmo um dos maiores espetáculos da Terra. Isso porque se configura como uma expressão popular envolvente e que movimenta vidas, identidades e economias. A festa carnavalesca expressa a grande vitória da abundância perante a escassez cotidiana. Momento mágico, a fantasia possibilita a mudança de estado e a realização dos desejos. É a suspensão do real a favor da imaginação criativa, em que tudo é possível, sem impedimentos, sem restrições na melhor manifestação da anarquia pulsional e humorística encontrada nas obras de François Rabelais (1494-1553), e trabalhada por Mikhail Bakhtin como uma expressividade do realismo grotesco que simboliza os princípios básicos da invenção do cotidiano (base do seu conceito de carnavalização). O autor materializa seu entendimento:

> O carnaval oferecia uma visão de mundo, do homem e das relações humanas totalmente diferente, deliberadamente não oficial, exterior à igreja e ao Estado; sempre construiu ao lado do mundo oficial um segundo mundo e uma segunda vida. (Bakthin, 1987, p. 4)

Espaço fértil para a criação, o Carnaval abriga a mobilidade sígnica possibilitada pelas fantasias multicoloridas, hiperbólicas e arquitetônicas que auxiliam no posicionamento psíquico da mudança. Agora é outro que está ali. Exercício pleno da liberdade, de ser quem se quiser ser. No Carnaval de 2010, a ala "Quem quer ser Naomi", presente no desfile da escola de samba carioca Porto da Pedra, materializa isso: homens com vestidos inspirados nas obras do holandês Mondrian (1872-1944) eram simulacros criativos da modelo negra Naomi Campbell. Tudo é possível. A ala estava muito bem integrada ao contexto do Carnaval 2010 que deu a vitória à Escola de Samba Unidos da Tijuca, com o enredo "Nada mais é o que parece ser", materializado em performances ilusionistas na avenida.

A construção de personagens no cotidiano é uma prática saudável, que estimula a imaginação, nos suspende do real a favor da criação descompromissada, como expressa Bakhtin:

> Em resumo, durante o Carnaval é a própria vida que representa, e por um certo tempo o jogo se transforma em vida real. Essa é a natureza específica do Carnaval, seu modo particular de existência. O Carnaval é a segunda vida do povo, baseada no princípio do riso. (1987, p. 7)

Ala "Quem quer ser Naomi" da Escola de Samba Porto da Pedra

O digital e a construção permanente de personagens

Percorremos neste capítulo, por meio do estudo de vários autores, as principais reflexões que subsidiam o entendimento de como se dá a construção de personagens ficcionais, tanto na literatura, quanto no teatro e nos tradicionais meios audiovisuais. Dedicamo-nos em determinados momentos à identificação dos limites entre a personagem fictícia e as pessoas reais, também como reflexos das preocupações desses autores que entendemos referenciais. No entanto, há um novo desafio decorrente do ambiente digital, característico da sociedade pós-moderna. É claro que os limites entre o homem e a personagem podem ser debatidos em vários contextos, quando estamos nos referindo, por exemplo, à confusão entre a pessoa de um Che Guevara e o mito construído. No entanto, com o digital a questão torna-se mais elaborada e complexa.

O universo digital vem acompanhado de uma série de reflexões que envolvem os desafios, vantagens e desvantagens, limites e oportunidades desse novo ambiente, pois esses parâmetros não são óbvios. Todos esses conceitos e parâmetros estão em reconstrução, indo de reflexões sobre o deslocamento existente entre espaço e tempo a questões filosóficas sobre os limites do real. Nesse contexto, não podemos passar à margem das reflexões que nos interessam, que é a personagem. Como é a personagem em meio a tantas indagações e novas possibilidades de expressão?

A passagem da sociedade moderna para pós-moderna (sem entrar nas polêmicas terminológicas) trouxe a substituição de uma sociedade industrial para outra sociedade completamente reestruturada pelo efêmero, pela renovação, pela sedução, pela efemeridade e prazer permanentes, enfim, como nas palavras de Bauman (2001). "pela fluidez reinante". Em direção complementar, o filósofo francês Lipovetsky afirma,

> Um presente que substitui a ação coletiva pelas felicidades privadas, a tradição pelo movimento, as esperanças do futuro pelo êxtase do presente sempre novo. Uma cultura hedonista e psicologista que incita à satisfação imediata das necessidades, estimula a urgência dos prazeres, enaltece o florescimento pessoal, coloca no pedestal o paraíso do bem-estar, do conforto e do lazer. Consumir sem esperar, viajar, divertir-se; não renunciar a nada: as políticas do futuro radiante foram sucedidas pelo consumo como promessa de um futuro eufórico. (2005, p. 32)

Nesse contexto de profundas transformações, o ambiente digital é causa e consequência da vida contemporânea. Como um emblema que caracteriza as novas formas de interação e de produção de sentido proporcionadas pelas tecnologias digitais na contemporaneidade, podemos citar exemplos como o ambiente *Second Life*, com sua complexidade sígnica derivada da capacidade plástica de gerar múltiplos efeitos de sentido. Ainda que alinhado à efemeridade, o *Second Life* já não seja o ambiente digital de maior relevância, serve para exercitar nossas reflexões a respeito da construção das personagens no ambiente digital. A capacidade amplamente plástica e performática é reveladora da natureza sinestésica e orgânica, próprias desse ambiente.

O universo virtual chamado *Second Life* foi criado em 2001, ainda sob nome de Lindenworld, que era a versão alfa do *Second Life*, no qual inúmeros experimentos e testes foram realizados. Naquele momento e até o ano de 2006, o experimento só atingiu 1,5 milhões de usuários, de acordo com Palla & Melo (2008). No primeiro semestre de 2008, o *Second Life* já contava com mais de 13 milhões [2] de usuários em todo o mundo, com concentração nos Estados Unidos (31,19%), seguido pela França (12,73%), Alemanha (10,46%), Reino Unido (8,09%) e Holanda (6,55%). (Para saber mais, ver Perez e Koo, 2010)

---

[2] Fonte: http://www.publiweb.com.br/noticias/489/Second_Life_no_Brasil_tera_2_milhoes_de_usuarios_ate_fevereiro_de_2008.html.

Convém notarmos que para as pessoas que não estejam atualizadas com essa área, o *Second Life* seria apenas mais um MMORPG (Massively Multiplayer Online Role Player Game), ou um videogame mais avançado com participação simultânea de vários jogadores, pois externamente isso parece ser verdade; conta com vários participantes, e cada um deles possui um papel definido, mas na sua essência ele é completamente diferente. Vejamos por que: no caso dos games, os jogadores assumem a identidade de um jogador criado por outra pessoa (no caso, o criador do game) e essa identidade não pertence à pessoa. O *Second Life* tem como princípio dar autonomia ao participante de dar vida, personalidade e identidade a uma pessoa virtual no mundo que é também virtual. Nesse caso, a personagem criada pelo novo membro do *Second Life* pode ter um determinado sentimento, comportamento peculiar, história de vida, tal qual um ser humano no mundo real.

Nesse sentido, o fundamento do *Second Life* – segunda vida – está alicerçado na possibilidade de ser *você mesmo em outro ambiente*, realizada por meio da criação de um avatar. Mas qual é o atrativo de ter uma segunda vida? Parece-nos bastante sedutor a possibilidade de ter mais uma vida, principalmente quando "esta" nos é dada "aqui e agora" e com possibilidade de "materializá-la" não se restringindo a uma promessa, como, por exemplo, muitas religiões profetizam através da dádiva da vida eterna. Uma segunda vida é, de certa forma, a possibilidade de uma vida diferente da atual, e o diferente encoberto, disfarçado e simulado, é ainda fator de potencialização da atração: é a exponenciação da sedução. Se por um lado é um convite à manifestação do autêntico, por outro, pode significar a mais tresloucada criação, desprovida de razão, amarras e limites. É a evidência da existência de um superego regulador e limitador que pode ser a fronteira.

Etimologicamente, avatar é uma adaptação do sânscrito e significa "descida" (avatara: descida do Céu à Terra). Na crença hindu, significa, mais especificamente, descida de um Deus à terra em forma humana ou animal. Pode ainda conectar-se a um processo metamórfico, à transformação e à mutação. Nesse sentido, avatar é puro fetiche, feitiço e magia.

A escolha do avatar, um personagem digital, é mais uma materialização das múltiplas possibilidades de ampliação e diversificação de identidades da sociedade contemporânea. Transitar de um lado ao outro, fazer parte de tudo ao mesmo tempo, "escorrer" fluidamente pela cidade, pelos grupos, pelas relações, caracterizam a vida efêmera das grandes metrópoles. Canevacci (2005) nos apresenta o conceito de multivíduos como conceito marcante desse trânsito. Não há mais uma única identidade, mas identidades no plural.

Nesse sentido, as possibilidades de recriação do eu em multivíduos é uma tendência irreversível da relação entre as características históricas da personagem e a multiplicação de identidades no ambiente digital. Desde os primórdios do game vivemos a possibilidade de transferir características pessoais e/ou imaginárias para os ambientes interativos. De certa forma, no digital, há uma aproximação entre o princípio do avatar e a manipulação de uma personagem qualquer no game, pois, em ambos os casos, estamos imersos no universo digital, que materializa cenas lúdicas e sinestésicas compostas ou não de objetos tridimensionais que exploram a tatilidade de olhar e a sensorialidade global da relação homem-máquina.

As personagens de marca

O uso de pessoas conhecidas do grande público é um caminho de aproximação emocional com as pessoas e, há muito, é uma estratégia usada na comunicação das marcas, produtos e organizações. De acordo com Keller (1997), as personagens e personalidades são particularmente úteis para criar notoriedade às marcas. Na mesma direção, Aaker (2001) atesta que se os consumidores tiverem um sentimento forte em relação a uma personalidade, provavelmente criarão percepções favoráveis acerca de produtos, marcas ou organizações com os quais aquela personalidade está associada. As pessoas conhecidas normalmente são aquelas que figuram nas revistas semanais de grande abrangência e na tela da televisão, quer por meio da dramaturgia, do esporte, da apresentação dos telejornais ou por algum fato que se configurou como notícia de ampla divulgação. Essa estratégia tem sido muito usada pelas marcas; apenas para citar alguns exemplos, podemos nos referir à atriz Ana Paula Arósio, que figurou por mais de três anos como porta-voz da Embratel, ou ainda a atriz Carolina Ferraz com a marca de adoçantes Zero Cal; ambas estamparam seguidamente campanhas publicitárias, materiais de PDV, *merchandising* e eventos das marcas.

Há poucos anos surgiu o conceito de celebridade instantânea. Essa atribuição referia-se à pessoa que ganhou amplo espaço nos diferentes veículos midiáticos em muito pouco tempo. Caso exemplar tem sido o dos participantes, finalistas e principalmente ganhadores dos inúmeros *reality shows* que permeiam a programação de várias emissoras de televisão.

Outra possibilidade de utilização de personalidade refere-se à atribuição de competência, por exemplo, uma marca de pneus convidar um ex-campeão de Fórmula 1, como Emerson Fittipaldi, para protagonizar suas campanhas.

O mesmo acontece com a marca Nike, que agrega toda a sua estratégia comunicacional aos craques do futebol – Ronaldo, o (ainda) fenômeno –, Ronaldinho, entre outros.

Os autores Brée e Cegarra (1994) distinguem dois tipos específicos de personagens: as personagens publicitárias e as personagens de marca. As *publicitárias se vinculam à valorização do produto pela associação às personagens utilizadas*, ou podem ainda assentar na criação do próprio conceito do produto, quando a personagem serve como usuária específica da marca. Essas personagens são particularmente utilizadas nos segmentos de produtos destinados aos adolescentes e adultos, razão explicada pela necessidade de utilização da função simbólica, que se desenvolve a partir da adolescência (Montigneaux, 2003). As *personagens de marca surgem quando a vinculação é mais profunda*, ou seja, quando a personagem é um sinal distintivo e diferenciador, de uso exclusivo da marca, e acaba por se tornar um elemento de sua identidade.

Cabe destacar que há a possibilidade de uma personagem publicitária passar a ser uma personagem de marca. Isso pode ocorrer por força da exposição, do tempo de veiculação e a total coerência entre marca e personagem, o que pode promover a construção de vínculos de sentido fortes. Caso exemplar no Brasil é o do ator Carlos Moreno, que encarnou a marca Bombril, não sendo mais possível separá-los sem importantes perdas.

Carlos Moreno

Nosso entendimento é que as personagens de marca são as mascotes, e as personagens publicitárias são aquelas que não têm o compromisso de ser expressão identitária, como ocorre em muitas ações promocionais como, por exemplo, a marca Bauducco com as personagens do Papai-Noel e também com os animaizinhos da campanha "Bichinhos dos Sonhos", ou as inúmeras promoções do Habib's com animais de pelúcia ou, ainda, os licenciamentos.

As nuanças, criações, estratégias e posicionamentos das personagens de marca, ou seja, as mascotes, serão amplamente apresentadas e discutidas no próximo capítulo.

Bichinhos dos Sonhos

Mascotes: fetiche contemporâneo

Mascote: etimologia e historicidade

Em uma busca em diversas áreas do conhecimento foi possível encontrar a mais provável origem da palavra mascote, apesar de ainda persistir algum obscurantismo. Acredita-se que a palavra mascote surgiu do provençal, um idioma falado em Provença, sudeste da França e no noroeste da Itália. *Mascoto* é o diminutivo de *masco* que quer dizer, em provençal, sortilégio, ou seja, encanto, sedução, atração, magia. Daí advém o entendimento das mascotes como amuletos, objetos portadores de potencialidades mágicas, de felicidade, fenômenos fetichistas e de expressões absolutamente afetivas.

Acredita-se que a popularização do termo mascote se deveu ao compositor francês Edmond Audran (1842-1901), que compôs a opereta *La Mascotte* (escrita por Henri Clivot e Alfred Duru), estreada em Paris, em 30 de outubro de 1880, com imenso êxito. A opereta é uma tragicomédia que contava a história de Bettina, uma menina que portava e transmitia fortuna e boa sorte a todos, mas, para que esse "dom" perpetuasse, ela teria de se manter virgem.

A opereta de Audran traz, ainda, a conexão para outras características marcantes da mascote que são a ingenuidade, a inocência e a pureza, representadas pela virgindade da protagonista, tão presentes, também, no universo da criança.

O termo "mascote" é um substantivo feminino atribuído a uma pessoa, animal ou objeto que se considera capaz de proporcionar sorte, felicidade, fortuna. É uma criatura limiar, que oscila entre o mundo material e a dimensão sobrenatural, entre o tangível e o etéreo, entre o real e o imaginário. Representa um ponto de intersecção entre o humano e o divino. Sua ambiguidade constitutiva, como toda liminaridade, é performática, cênica e perturbadora.

Na perspectiva estética, o modelo das mascotes segue, conforme Gomarasca (2001), a iconografia do *kawaii*, um estilo que nasce do encontro da cultura adolescente japonesa "shojo bunka" com a cultura euro-americana dos "cuteness", caracterizados pela estética infantil e lúdica importada pelo Japão. De acordo com Shimamura (in Gomarasca, 2001), o *kawaii* e, por extensão, as mascotes, caracterizam-se pela presença de quatro atributos distintos, mas complementares:

- é pequeno
- é inocente
- é terno
- é aconchegante

Nota-se que esses elementos formam a iconografia da maior parte das mascotes contemporâneas, como veremos mais detidamente adiante.

Podemos dizer que, se a França é a pátria etimológica das mascotes, o Japão parece ser a terra promissora. A tradição cultural e religiosa do Japão é permeada de seres portadores de boa sorte, muitas vezes associados à tradição budista. Uma mascote onipresente na cultura nipônica é o gato da sorte (maneki neko), que deu

Gato da sorte

origem a inúmeros objetos e personagens, sendo a mais conhecida, pelo menos no Ocidente, a Hello Kitty.

Uma aproximação ao universo referencial japonês é fundamental no entendimento das raízes estéticas e simbólicas das mascotes.

O animê é o nome usado para se referir a qualquer produto de animação ou "desenhos animados" produzidos no Japão. A palavra *animê* tem significados diferentes para os japoneses e para os ocidentais. Para os japoneses, animê é tudo o que é desenho animado, seja ele estrangeiro ou nacional. Para os ocidentais, animê é todo o desenho animado que venha do Japão. A origem da palavra é bastante controversa, podendo vir da palavra inglesa *animation* (animação) ou da palavra francesa *animée* (animado), versão defendida por pesquisadores como Frederik L. Schodt e Alfons Moliné. Também encontramos referência à *japanimation* em inglês. Ao contrário do que muitos pensam, a animação não é um gênero, mas sim, um meio, e, no Japão, produzem-se filmes animados com conteúdos variados, dentro de todos os gêneros possíveis e imagináveis, como comédia, terror, drama, ficção científica, erótico etc.

Alguns animês possuem sua versão em mangá, que são os quadrinhos japoneses. Mangá quer dizer "figuras irresponsáveis", pelo humor e espirituosidade nelas contidas e pelas situações narrativas que com eles se constroem. Os animês e os mangás se destacam, principalmente, por seus olhos geralmente muito grandes, muito bem-definidos, redondos ou rasgados, cheios de brilho e muitas vezes com cores chamativas. Acredita-se que essas características possam conferir mais emoção aos seus personagens. Animês podem ter o formato de séries para a televisão, filmes ou *Original Video Animation* (OVA), que é o animê produzido para ser vendido em DVD e não para ser exibido na TV tradicional como uma série. Assim como filme, depois de algum tempo, o OVA pode passar na TV fechada também. Normalmente são mais curtos que os filmes e possuem mais de um episódio, exercitando a sequencialidade dos seriados.

Características sígnicas das mascotes

Apesar da ampla possibilidade de construção sígnica, as mascotes têm características recorrentes que lhes conferem identidade. Nesse sentido, as mascotes são ícones, são ídolos, são fetiches, são mediadoras, são pequenas, são emblemas da cultura de massa etc. A seguir, abriremos algumas reflexões acerca de cada uma dessas características.

Mascotes são ícones. Ícone advém do radical grego "eikon" do verbo "eikenai" = semelhança (*assomigliare*). É uma representação pictórica, qualitativa. Conecta-se com a ideia de veículo do divino e do sagrado, explorado, nesse sentido, por inúmeras religiões. Traz consigo também uma dimensão negativa, principalmente quando associada à religião, que é o culto excessivo e a devoção a imagens desprovida de crítica. É um emblema que representa um fenômeno qualquer por manter com ele uma relação de semelhança, e essa semelhança se estabelece a partir das qualidades (Peirce, 1977).

Por trás de uma provável aparência *nonsense*, a mascote condensa uma pluralidade de significados. Assim como a iconografia religiosa, a mascote evoca outra dimensão além dela mesma, uma alteridade enebriante, perturbadora e misteriosa. A mascote é sacra e profana, venerável e irreverente, essencialmente ambígua.

Mascotes são ídolos. De acordo com Bittanti (2003), ídolo advém do grego "eidolon" que significa imagem, fantasma, mas também ideal. Um ídolo é um representante, um símbolo, que pode ser objeto de culto e devoção. Também possui uma conexão negativa que é a vinculação a uma provável falsa divindade. E pode ser pura aparência desprovida de consistência interior. McLuhan (1964, p. 55), em seu livro *Entendendo a mídia*, cita o Salmo 115: "Os ídolos são de ouro e prata, feitos pela mão do homem. Possuem boca, mas não falam. Têm olhos, mas não podem ver. Têm ouvidos, mas não ouvem. Têm nariz, mas não podem sentir os aromas. Têm mãos, mas não tocam. Têm pés, mas não caminham...".

Mascotes são fetiches. A adoração à mascote é revestida de uma prática fetichista. O objeto-imagem se carrega de uma aura mística de vitalidade e potência. O fetichismo atesta a força acolhedora, sedutora, envolvente, desestabilizante da mascote. O feitiço reside no processo de instrumentação – existe e resiste pela urgência pragmática. As mascotes passam a ter vida instaurada pela corporificação relacional construída e ressignificada no tempo pelas pessoas. Essa mobilidade de sentido revela um tipo de fantasmagoria. Baudelaire (1996) e Benjamin (1991) falam sobre a fantasmagoria dos objetos, assim como manifestava Marx em seus textos em outra direção reflexiva. Fantasmagoria tem origem no vocábulo grego *phantasma*, que significa imaginação, imagem mental, e diz respeito à possibilidade de coisas materiais, objetos e produtos adquirirem vida própria, ainda que etérea e simbólica.

Mascote é mediação. Na mitologia japonesa, acredita-se que as bonecas conservam e veiculam a alma de quem as possui. Nesse sentido, assumem uma conotação onírica ao mesmo tempo inquietante e segura. Intermediam o universo cotidiano, matérico e real e o sensível e etéreo, conciliando-os. São mediadoras. Em certa medida, as bonecas japonesas e também muitas mascotes assemelham-se aos objetos intermediários de Winnicott (1972), por fazerem a conexão da tenra infância (2 a 3 anos) para a infância já experimentada pela consciência do mundo. A criança que chora se a mãe lava o ursinho de pelúcia ou a chupeta predileta, tanto o ursinho quanto a chupeta são objetos que permitem a segurança necessária para a transição etária.

Mascotes são pequenas. Retomando a etimologia da palavra mascote proposta no princípio deste capítulo, vimos que mascoto é diminutivo de masco, e diminutivo nada mais é que uma "miniaturização verbal". Stewart (1993) nota que o diminutivo está presente nas projeções de mundo que fazemos em nosso dia a dia. A miniaturização e o gigantismo são relações que construímos na cultura, entre os fenômenos materiais ou não e seu significado. Mascotes são pequenas criaturas que facilmente manejamos e, nesse sentido, manifestam a exaltação aspiracional do homem e de sua onipresença e onipotência. Mas, às vezes, podemos nos deixar levar pelo seu "controle", como acontece em *Gremlins* (1984), filme dirigido por Joe Dante e produzido por Steven Spielberg, no qual as criaturas endiabradas praticamente destroem a cidade de Kingston Falls. Também em *Fornits*, a misteriosa criatura de Stephen King (Estados Unidos, 1947) em *The ballad of the flexible bullet*, publicada, inicialmente, na *The Magazine of Fantasy & Science Fiction*, em 1984 e, posteriormente, na antologia *Skeleton crew* (tripulação de esqueletos), em 1985. Todas essas criaturas são pequenas, destruidoras, assustadoras, mas com um "quê" de graça. Ainda que o gigantismo possa estar presente no universo das mascotes, a ampla maioria se materializa na pequenez física.

Mascotes são emblemas da cultura de massa. Tanto no Japão como no Ocidente, as mascotes são cultivadas socialmente, ainda que estivessem adormecidas nos anos 1980 e 1990, quando analisamos as mascotes no universo sígnico das marcas. As mascotes são causa e efeito do processo de globalização da cultura visual, pois materializam uma visão fantasmagórica e imaginária da realidade. A mascote vive de contaminação e é, à sua volta, contaminante. Está em todas as mídias, navegam pelos videogames, livros de quadrinhos, bichinhos virtuais, games, sites informativos e de venda, design gráfico, marcas, produtos, serviços, nos parques e teatros. A lógica da mascote é absolutamente inclusiva e não exclusiva. Exemplo notório é a presença de *toy art* em nosso cotidiano, transitando entre o design, a arquitetura e a publicidade à vontade e sem constrangimento nas mais diversificadas categorias de produto, serviço e manifestações culturais.

Mascotes são hipersígnicas. A mascote gera uma infinidade de *gadgets*, inclusive eletrônicos e digitais. Participar de sua variedade significa experimentar a aquisição impulsiva do objeto físico: a aquisição e posse da boneca do Sonda

Boneca do Sonda Supermecados

Tigre Tony do Sucrilhos Kellogg's

Murakami para Louis Vuitton

Lectrec da Sadia

Supermercados ou do esquilo do Zaffari, a bolsa da Hello Kitty ou mesmo tomar um café em sua cafeteria (como a que existe no Shopping Bourbon, em São Paulo), ou ter em mãos o tigre Tony do Sucrilhos Kellogg's, possibilita a vivência de um mito. A mascote *gadget* difunde-se com a rapidez de um vírus, contaminando quem entra em contato com ela, multiplicando seus efeitos de sentido. Recentemente, Gomarasca e Valtorta (1996, p. 71) atestaram que "kawaii (*mascote*) é, antes de tudo, um mercado. Uma imensa linha de produtos 'cute' gadgets, bonecas, papéis de carta, posters, jogos, camisetas, comida...". São objetos que remetem ao imaginário infantil e *teenager*, mas também podem se estender à idade adulta, como acontece com os fenômenos Hello Kitty, Pucca, Beth Boop e outros. O movimento "superflat" protagonizado por Takashi Murakami é emblemático dessa expansão da mascote em direção à "mascote hipersígnica", uma vez que integra animês e mangás a universos bem distintos, como, por exemplo, o mercado do luxo, protagonizado pela integração à marca Louis Vuitton, com presença na publicidade e nos produtos.

Mascotes: onipresença. Dos Brejeirinhos ao Frango Sadia, as mascotes catalisam o comportamento afetivo contemporâneo. Conseguem desenvolver um comportamento coletivo de certo modo intenso e ritualístico – culto ao objeto-imagem muito próximo à iconoclastia religiosa. As mascotes são artefatos culturais, mas, antes de tudo, são um fenômeno cultural. São produtos da hibridização e da interesecção da cultura oriental e ocidental. São figuras muitas vezes bizarras, mas absolutamente familiares. Longe de ser um fenômeno de nicho, as mascotes tomaram uma dimensão alargada: ocupam o espaço e o tempo, e também o espaço urbano e suburbano (nos grafites, na publicidade, nas embalagens dos produtos, nos eventos, nas promoções, nos brinquedos). Não vivem em um espaço marginal ou alternativo como tradicionalmente habitam ou habitavam os gnomos, as fadas, as bruxas, os ogros. Não apartam da vida o imaginário fantasioso: estão em todos os lugares, são onipresentes.

De acordo com Bittanti (2003), se Frankenstein é filho das tensões vividas na Revolução Industrial (meados do século XVII), a mascote é o produto último da revolução digital da sociedade contemporânea. E, nesse aspecto, elas são inevitáveis, como bem atesta Bittanti (2003, p. 10) ao afirmar "moral da história: resistir (as mascotes) é fútil".

Lançando mão dos postulados de Forster (2004) sobre as personagens e os "fatos de vida", podemos também analisar as mascotes. De acordo com o autor, esses fatos de vida são nascimento, alimentação, sono, amor/relacionamento e morte. Fatos muito explorados na literatura, no cinema e no teatro, mas utilizados parcialmente no universo sígnico das mascotes. Nascimento e morte praticamente estão à margem e, certamente, alimentação e relacionamentos tomam a tônica das manifestações de "vida" das mascotes.

As mascotes combinam exotismo, familiaridade com a antropomorfologia, anulando a violência e o erotismo em quase todas as suas manifestações. São fetichizadas e, assim, estimulam a dimensão lúdica do homem. O espelho de Lacan é a tela (do cinema, do computador, do celular) que reflete nossas aspirações e nossa esperança de uma guerra preventina diante da vida contemporânea: ameaça bacteriológica, terrorismo, manifestações da natureza. Antes de considerar um fenômeno reducionista, inquietante ou simplesmente estúpido, limito-me a chamar a atenção para a mascote como emblema de uma resposta estética a uma ética da não existência, do afrontamento das tradições, crenças e de seus valores, da volatilidade e da insegurança vivida na sociedade líquida (Bauman, 2001).

O fascínio do monstro

O mundo da publicidade é repleto de cores, de imaginação, de excesso nas formas, nos conteúdos e na exploração sensorial. Cada vez mais atrevidos e excitantes em sua expressão, a publicidade e o design contemporâneos buscam abordar temas surpreendentes e que capturem a atenção de um consumidor angustiado pelo bombardeio comunicacional e por todo tipo de excessos em que vive na sociedade do hiperconsumo. Em busca do êxito, a publicidade acode ao imaginário popular de qualquer período histórico, e recupera temas e formas que aparentemente estavam superadas pelo racionalismo científico imperativo na Modernidade, em cujo contexto o monstro, o fantasma e, inclusive, o herói, desapareceram (ou hibridizaram-se) para acentuar a realidade, o pragmatismo e os avanços tecnológicos. Sendo assim, perguntamos: o que fazem os monstros convivendo conosco cotidianamente? O monstro e a mostruosidade caminham entre nossa expressão mental e visual chamando a nossa atenção sem cessar, para proporcionar não mais uma mensagem de terror, mas um pouco de sedução com a complexa e maravilhosa expressão de suas formas estranhas e capacidades inimagináveis. A imagem do monstro aderiu-se à publicidade, ocupando um lugar multicolorido, plurimórifico, com muita graça e simpatia. Mas podemos nos perguntar: como se converte o grotesco em parte de um processo visual e de marketing? Como os monstros se expressam na publicidade? Revisemos algumas definições que nos permitem afirmar que o monstruoso se expressa na publicidade de modo privilegiado, por meio das mascotes e das personagens de marca.

Iniciemos nossa trajetória pela definição do que é um monstro. Para Omar Calabrese (1987), monstro é "todo aquele ser fora da norma", enquanto esse termo é empregado para representar não tanto o sobrenatural ou o fantástico, mas principalmente tudo o que é "maravilhoso", que depende da raridade e da causalidade de seu Gênesis na natureza.

Por outro lado, etimologicamente, monstro significa tudo aquilo que é digno de ser mostrado, ou seja, que merece se exibir, dar a ver. De modo que os monstros são o espetacular por antonomásia porque se definem por constituir em si mesmos um espetáculo.

Não é necessário mais do que uma revisão superficial dos ritos populares de todas as culturas, em qualquer lugar do mundo, para nos darmos conta de que uma raridade ou deformação em um ser vivo representa um acontecimento digno de ser registrado, analisado, observado e também desfrutado. Outra definição poderia prover-nos de um ponto de partida original: um monstro é uma produção que contesta a origem regular da natureza. Portanto, fala-se de um sistema de produção; é como dizer de qualquer objeto que, de acordo com uma norma ou um modelo determinado, foi elaborado pelo homem e resulta irregular, simplesmente não coincide com o esperado, é diferente. Esse conceito é aplicado não apenas à forma monstruosa, mas também ao conteúdo e suas manifestações (gestos, feições, gritos, grunhidos). É importante apresentar uma reflexão para aclarar que, no presente estudo, dada a sua natureza, nos afastaremos das incursões do monstro na categoria estética do grotesco, e aqui o abordaremos apenas como manifestação de uma atitude estética contemporânea, o que nos auxilia no entendimento das personagens e mascotes.

Mascotes: fetiche contemporâneo

No sentido etnográfico, o monstro conviveu com o homem desde o início da sua história. Ainda na Pré-história, nas imagens da decoração das cavernas de Marsoulas, Altamira (Espanha) e tantas outras, observam-se figuras semi-humanas ou semianimais. Alguns autores veem apenas o exagero do ridículo e da expressão do horrível, outros, ao contrário, veem as primeiras expressões inquietantes da imaginação do homem. Ante as mudanças da natureza, o homem observa a metamorfose como processo que instaura o novo, mas como não pode explicá-lo de maneira científica, impressiona-se, porém se manifesta vivamente (como nas cavernas Pré-históricas). Assim, transporta suas imagens mentais e o mundo do onírico, dando-lhes um novo sentido às suas produções artísticas e etnográficas.

Mesmo que de forma muito primitiva, os monstros conectam-se à possibilidade de influenciar a natureza, unindo em sua mente as criaturas bestiais e os seres humanos para obter o que hoje poderíamos chamar "produtos geneticamente modificados", híbridos. Essa afirmação é distanciada do sentido lúdico e humorístico do homem desde seus primórdios. Por que o homem não haveria de se incomodar com uma deformação genética natural? Diante dela, não seria lógico que encontrasse semelhanças entre a suposta alteração e os animais que conhece? O homem contemporâneo é dado a promover alterações (mesmo que apenas verbais) com os que os rodeiam, até com aqueles que não estejam fora da norma física. Quando o homem busca a gozação de algo por meio dos chistes e piadas, por exemplo, na verdade está buscando eliminar seus medos diante do desconhecido. Em muitas situações não apenas sentimos compaixão, mas também ternura pelas criações bizarras. Exemplo típico é o de Quasímodo, personagem central do livro *Notre-Dame de Paris* (também conhecido como *O corcunda de Notre-Dame*), de Vitor Hugo, publicado em 1831, que provoca intenso sentimento de proteção apesar de suas deformidades físicas.

Arcimboldo. *Vertumnus*, Retrato de Rodolfo II

E, assim como o gosto, entendido como preferência, o monstro acompanha o homem no desenvolvimento da civilização. Ele se expressa na arquitetura, na literatura, na pintura,

49

Poupançudos da Caixa Econômica Federal

nas artes, na publicidade e não é difícil encontrá-lo, com maior ou menor evidência, em cada uma das épocas artísticas, como as criações reticulares de Arcimboldo.

As mascotes e personagens também podem ser monstros. Exemplo disso é o filme *Monstros S.A.* (2001), da Dreamworks. Os monstros que vivem em Monstrópolis se separam dos humanos apenas em tênues diferenças fenotípicas. O filme é uma lição de estética: o design "cute" vai contra as ambições do fotorrealismo de *Final fantasy* (2001), por exemplo, o que possivelmente explica a falência comercial desse último. O imperativo "kawaii" também está presente em *Pokémon* ou ainda nas criaturas que ambientam *A viagem de Chihiro* (2001). Também monstros podem ser mascotes de marca, como acontece com os Poupançudos que expressam a identidade da marca Caixa Econômica Federal.

Recentemente, o fenômeno *Ben 10*, animação norte-americana baseada nos animês japoneses, é um excepcional exemplo. Sendo considerado um murikanime, ou seja, uma animação não japonesa inspirada nos animês, foi criada pelo grupo Man of Action (Duncan Rouleau, Joe Casey, Joe Kelly e Steven T. Seagle) e produzido pelos estúdios de Cartoon Network (ex-Hanna-Barbera). Aos 10 anos, Ben (Benjamin) vai acampar, nas férias de verão, com sua prima Gwen e seu avô Max. Quando resolveu passear depois de um desentendimento com sua prima, ele observou um objeto caindo do céu. Era uma esfera metálica e dentro dela tinha um relógio. O aparelho grudou em seu pulso e logo ele descobriu que seu nome era Omnitrix e que guardava o DNA de dez espécies alienígenas diferentes, cada uma com sua característica própria. O aparelho tem a capacidade de transformar o usuário em qualquer uma delas. Com tanto poder nas mãos, vêm também as responsabilidades: Ben 10 passa a ajudar as pessoas e a combater o mal e os seres alienígenas que decidem atacar a Terra para recuperar o dispositivo. Apesar de tudo, ele não deixa de ter o espírito de um menino de 10 anos, que gosta de aprontar, se divertir com os amigos e o avô. Os monstros alienígenas são:

Mascotes: fetiche contemporâneo

Alien	Poderes e habilidades	Raça	Planeta/Sol/Lua
Besta	Sentidos aguçados, ecolocalização, superagilidade, garras e dentes afiados	Vulpimancer	Vulpin
Quatro Braços	Superforça, ondas sonoras, superssalto	Tetramando	Khoros
Fantasmático	Poderes de Fantasma (intangibilidade, invisibilidade, levitação, possessão (possuir pessoas ou aliens, mover o olho pelas linhas pretas do corpo, mostrar vísceras pretas e brancas quando retira a pele e choques telecinéticos)	Ectonurite	Anur Phaetos
Chama	Pirocinese, superforça, "Voar em uma espécie de cometa"	Pyronite	Pyros
XLR8	Supervelocidade, garras afiadas, superforça	Kineceleran	Kinet
Aquático	Hidrocinese, dentes e garras fortes e afiadas, superforça, nado	Piscciss Vollanns	Piscciss
Insectoide	Voo, disparo de mucosa grudenta, ferrão de vespa, emissão de gás tóxico	Lepidopterran	Lepidopterra
Massa Cinzenta	Superinteligência, agilidade, aderir-se a superfícies planas, dentes afiados	Galvan	Galvan Prime
Diamante	Invulnerabilidade, disparo de diamantes, refletir lasers, superforça, diamonitocinese, agilidade, criar estruturas de diamantes, usar seus espinhos nas costas como bumerangues afiados.	Petrosapien	Petropia
Ultra T	Possessão de máquinas, disparo de laser, liquidificação, superforça, elasticidade, transformar as mãos em armas, regeneração	Mecomorpho Galvânico	Galvan B

Fonte: http://pt.wikipedia.org/wiki/Ben_10#Alien.C3.ADgenas_do_Omnitrix.

Personagens Ben 10

51

Mascotes, monstruosidade e mitologia

Uma das principais vantagens da mascote é adotar formas muito diversas e flexíveis, pois qualquer objeto ou animal, por mais abstrato que seja, pode ser alvo de um processo de humanização. Por meio da humanização eles se tornam familiares e entranháveis na vida das pessoas, construindo dessa maneira um repertório imaginário que vai além do mundo dos cartazes, das marcas e dos produtos, para formar parte de nossa cultura cotidiana. Sua importância visual está radicada em sua estrutura, visto que não é necessariamente uma deformação, mas uma perda de forma em várias situações. Os monstros publicitários, portanto, podem ser deformados, porém bons, de comportamento amável e moralmente ilibado, feios, estilizados ou embelezados, mas em sua maioria, eufóricos. Com essas características, é possível abrir o caminho até a sua aceitação e a ruptura das barreiras da atenção do consumidor. Segundo o filósofo e escritor basco Fernando Savater (2002), enquanto o monstro atua, a vida se converte em algo excepcional, intenso.

Diante do monstruoso, sentimos medo ou repulsa, mas também um estranho e até instintivo afeto. As crianças, que sempre foram os espectadores básicos do cinema e da publicidade, amam os monstros acima de todas as coisas, porque são enormes e distintos, assustam os adultos, ninguém os quer, quebram tudo e porque nunca trabalham. Novamente, chamamos a atenção para o êxito do filme *Monstros S.A.*, da Pixar (2001), criado por Peter Docter e David Silverman, no qual os monstros são protagonizados por Mike e Sully. Recentemente, o filme *Monstros × Alienígenas*, da Dreamworks, também põe em evidência a monstruosidade afetiva.

Classificação do monstro na publicidade

Comecemos por um sistema de categorização para decidir e classificar as diferenças entre distintos monstros. Tomemos a classificação de Gilbert Lascault (2000), que propõe algumas características para o agrupamento dos monstros como parte da arte ocidental. O monstro é a consequência de uma combinação de seres ou de formas, cuja criação é intencionalmente descuidada ou alterada. Ele é resultante de uma combinatória totalmente improvável e ilógica, mas atrativa e estética. Nesse sentido, reconstruindo o monstro, podem-se saber as formas que o constitui:

a) **Monstros por confusão de gêneros.** Esses monstros são os mais comuns no design, pois a confusão de gêneros permite criar misturas como humano-

-animal ou humano-vegetal, que se expressam em animais e plantas que falam e atuam como pessoas. Por exemplo, a árvore cantante de Jumex ou as frutas dos sucos Kapo e o Limão da Pepsi Twist. Na publicidade o monstro se expressa, sobretudo, nos meios audiovisuais. A expressão comum desse tipo de monstro é a caricaturização de animais e plantas com características humanoides, que se distanciam dos pictogramas e dos ideogramas empregados comumente nos símbolos de identidade visual gráfica. Esses entes são normalmente usados nos produtos infantis e para adolescentes, já que se prestam à massificação pela utilização ingênua, colorida e vibrante de sua expressão. Inserem-se na vida cotidiana sem que atentemos para as suas diferenças físicas óbvias. Outros exemplos podem ser as frutas antropomorfizadas em monstros da Del Valle. Nessa citação, assim como em outras, fisicamente esses monstros não sofreram uma importante deformação. Não encontramos animais bicéfalos nem tampouco corpos disformes relacionados às marcas, por exemplo. Em geral, deparamo-nos com um exagero, uma exacerbação, muitas vezes irônica, de seus traços de animal ou de pessoa. Nesse sentido, cumprem com as características básicas de uma caricatura em determinado contexto estético, publicitário e narrativo. Mercadologicamente, são ideais para a etapa introdutória dos produtos, porque eliminam as barreiras psicológicas do consumidor diante da novidade da expressão gráfica e simbólica.

b) **Monstros por transformação física.** Contemplam gigantes, ogros, gênios, fadas, gnomos, anões, vampiros e outras criações literárias que recuperam as formas mitológicas tradicionais. São aplicações do monstro tal como concebido na história cultural. Esses seres não costumam atuar dentro de um roteiro muito complexo (seriam, no entendimento de Forstet, personagens planas). Na realidade, existem somente para avaliar, com seus aparentes poderes sobrenaturais, as características da marca, ao mais pleno estilo da publicidade contemporânea. Testemunham, como o gigante das ervilhas e feijões Green Giant (Gigante Verde) ou o gênio Mr. Clean (na Espanha, Dom Limpio), o Gênio da Chamyto ou, ainda, o gênio do Ha-

Gênio da Chamyto

Mascotes: semiótica da vida imaginária

Gênio do Habib's

bib's, assim como os Minus, da Minuano. São utilizados, geralmente, em associações com produtos de consumo como higiene e limpeza e alimentos. Não são necessariamente uma caricatura no sentido de manifestarem excesso, mas sim utilizam de uma expressão icônica estilizada ou predominantemente pictórica, porém deformada em seu conceito e nas aplicações identitárias. O momento mais adequado do desenvolvimento mercadológico do produto é, sem dúvida, a etapa da manutenção, na qual sua presença funciona como aval das características do produto. Normalmente vinculada à capacidade transformadora do produto.

c) **Monstros por indeterminação das formas.** Essas personagens se convertem em substâncias líquidas, fluidas, moldáveis. Além disso, fundem-se, dissolvem-se, dissipam-se ou tornam-se invisíveis. Seu uso é menos comum na publicidade, justamente porque não permitem sua identificação plena. Como sua origem é cinematográfica, o criador utiliza o tempo de exposição narrativa para fazer uma explicação de sua origem e suas características. Essa variante de monstro se aplica comumente em produtos promocionais derivados do mesmo filme. Por exemplo, Flubber ES, uma substância gelatinosa com características humorísticas que era capaz de assumir qualquer forma. Essa classificação não é suficientemente explorada no universo sígnico publicitário.

Uma classificação extraordinária mereceria ser integrada à teoria de Lascault, em virtude das necessidades do design publicitário, para completar o objetivo deste estudo. Assim, propomos uma nova classificação que congrega os objetos antropomorfizados.

d) **Monstros por antropomorfização.** Nessa classificação, colocaremos os monstros formados pelo produto em si e que não poderiam existir nem por meio da deformação da natureza nem por confusão de gêneros. Formalmente, sua expressão pode ser caricaturizada ou não. O referido Bibendum da Michelin, um homem feito de pneus, uma bolsa de lenços que fala ou um copo de leite em movimento seriam suas representantes mais diretas. No que se refere à forma, a representação do produto integra características antropomorfas, que tradicionalmente são pernas, braços, olhos e boca; geralmente carecem de colo, torso, orelhas e cabelo. Sua existência se justifica pelo produto em si; sua promoção e seus anúncios, em geral, carecem de sequências narrativas lógicas. Aplica-se aos produtos na fase de introdução, pois permite o posicionamento do produto e o acesso à publicidade emocional (*emotional marketing*). Exemplo referencial é o caso do Assolino, mascote decorrente da antropomorfização da embalagem da lã de aço da marca Assolan.

Bibendum da Michelin

A mascote e a necessidade do mito

Na busca por explicar o gosto do homem por aquilo que lhe causa medo, mas que lhe fascina, acudiremos ao conceito de mito.

Rollo May (2004, p. 17) declara que "O mito é uma forma de dar sentido ao mundo que se tem". Para esse psicólogo, que estuda a influência dos modelos culturais no mundo contemporâneo, o mito constitui-se de padrões narrativos e fantásticos por meio dos quais damos sentido espiritual à nossa vida cotidiana. May (1909-1994) considera que o desenvolvimento dos mitos sociais é um processo essencial para a saúde mental, no sentido de que nos permitem encontrar elementos que nos ajudam a enfrentar nossas frustrações diárias.

De acordo com Henderson (in Jung, 1964, p. 106), "a história antiga do homem está sendo redescoberta de maneira significativa através dos mitos e das imagens simbólicas que lhe sobreviveram". O autor afirma ainda que, mais do que acontecimentos históricos, os mitos revelam de maneira mais concreta os momentos e os valores socioculturais.

Mediante seus mitos, as sociedades facilitam a seus membros o alívio para seus neuróticos sentimentos de culpa e sua excessiva ansiedade. Os mitos são muitas vezes manifestados por meio de relatos fantásticos de tradição oral geralmente protagonizados por seres que encarnam, de forma simbólica, as forças da natureza e os aspectos gerais da condição humana e, por isso, são fortemente associados às lendas e às fábulas.

O mito do herói, por exemplo, é passível de ser encontrado na mitologia clássica da Grécia e de Roma, na Idade Média, no Extremo Oriente e em diversas tribos primitivas contemporâneas. Apesar das importantes diferenças que apresentam, os heróis guardam muitas semelhanças na estrutura narrativa. Têm uma forma universal mesmo quando desenvolvidos por grupos ou indivíduos sem qualquer contato cultural – por exemplo, as tribos africanas, os índios americanos ou os gregos. Segundo Henderson (in Jung, 1964), os heróis apresentam algumas marcas predominantes, são elas:

1. nascimento humilde, mas milagroso;
2. provas de sua força sobre-humana precoce;
3. ascensão rápida ao poder e à notoriedade;
4. luta triunfante contra as forças do mal;
5. falibilidade diante da tentação, do orgulho;
6. declínio por motivo de traição ou por um ato de sacrifício heroico, onde sempre morre.

Característica recorrente na "vida" dos heróis é também a existência de guardiões, que exercem a função de tutores e defensores, que auxiliam e protegem os heróis nas suas difíceis tarefas sobre-humanas.

O sentido psicológico dessa estrutura narrativa e estética do herói está alicerçado no desenvolvimento da consciência do ego, ou seja, do conhecimento individual de nossos próprios pontos fortes e frágeis. Funciona como uma preparação para as difíceis tarefas que a vida há de impor a cada um de nós. O mito explica o esforço em encontrar e afirmar nossa personalidade, do mesmo modo que a sociedade, no seu todo, revela a necessidade semelhante de estabelecer uma identidade coletiva.

A mascote, o mito e a publicidade

A mascote tem sua própria expressão na publicidade e no desenho publicitário. Joan Costa (2004) propõe chamar imagotipo a algumas figuras da iconografia fantástica comercial, que ajudam a marca a obter uma presença emocional. A teoria do design, em geral, não reconhece a mascote como imagotipo, pois o relaciona unicamente com seu contexto literário ou estético. A mascote publicitária cumpre com as características de um mito, segundo o que apregoa May (2004). Em primeiro lugar, os mitos conferem nosso sentido de identidade pessoal ao nos indicar um lugar na sociedade. Explicam os diversos escalões, estereótipos e tipos de grupos sociais, justificando nossas atitudes por meio da diferenciação de papéis.

Nesse sentido, à marca se atribui uma identidade por meio de seu imagotipo ou mascote, separando-a e diferenciando-a de outras marcas que oferecem mais ou menos o mesmo. Em segundo lugar, os mitos e as mascotes que os encarnam tornam possível o sentido de comunidade. A realização gráfica e a personalidade que o publicitário ou designer confere à mascote permitem unir-se a comunidade publicitária e cultural por meio das características emocionais que desperta ou dos êxitos sociais que é capaz de alcançar.

A grande maioria dos imagotipos para adolescentes, por exemplo, atuam dentro de equipes que obtêm êxitos sem precedentes graças aos seus diferentes poderes ou metamorfoses, estabelecendo vínculos emocionais fortes.

Outra característica importante é que os mitos asseguram nossos valores morais. É muito comum que a mascote desenvolva um trabalho social dentro da narrativa dos anúncios publicitários, uma vez que a expressão de amor, ternura, apoio, constância e fidelidade são características determinantes para assegurar e afiançar os valores tradicionais de qualquer sociedade.

Por último, e de maior relevância para os criativos, o mito e também as mascotes nos colocam diante do inescrutinável mistério da criação do universo, da ciência, da religiosidade, da inspiração poética e também artística. Coloca-nos diante do mistério escancarado do ato criativo, por isso tanto nos fascina e emociona.

May (2004) relaciona o aumento dos problemas psicológicos com a entrada do século XX e a era do racionalismo, em que o ideal da sociedade tem o objetivo de limpar de superstições o conhecimento social, incluindo aí as personagens fantásticas e as mascotes de toda a ordem.

A linguagem contemporânea vinha abandonando o mito à custa da perda do calor humano, da cor, do significado íntimo, do aconchego, dos valores mais profundos: tudo o que dá um sentido pessoal à vida. Os *liftings* da linguagem higienizavam a vida. Sem o mito somos uma raça de diminuídos mentais, incapazes de ir além das palavras e escutar as pessoas que falam – cada vez menos humanas. Felizmente, essa fase foi superada.

A sociedade que não se permite o mito, assegura May (2004), acaba por estimular o suicídio ou o uso de narcóticos em seus integrantes; é dizer, sem elementos para transcender, termina por autodestruir-se. As reflexões do autor poderiam nos levar a explicar o auge da presença da mascote na sociedade pós-moderna como possibilidade de transcendência, escapismo do real. As mascotes (e os mitos que encarnam) nos ajudam a entender a vida de uma maneira menos neurótica, mais cheia de mistério e de prazer estético, pura fruição.

Ainda que o mito possa desaparecer (apesar de particularmente não acreditar no fato), a necessidade psicológica que lhe dá origem não desaparece. Não existem histórias que contar, em seu sentido de verdadeiras e sagradas, há simplesmente a necessidade da história. Assim, os meios de comunicação, o cinema, a televisão e a internet oferecem o paliativo de histórias falsas e irreverentes, mas que parecem cada vez mais verdadeiras através da tecnologia digital. Também a publicidade toma à sua maneira os espaços vazios por meio da mascote, que é imperfeita. Em uma entrevista citada em *O poder do mito*, Joseph Campbell (1998) assegura que amamos o imperfeito porque nos distancia do aborrecimento:

> *¿Los niños no son adorables porque se están cayendo todo el rato y tienen cuerpos pequeños con cabezas demasiado grandes? ¿No lo sabía muy bien Walt Disney cuando hizo los siete enanitos? Y esos graciosos perritos que tiene la gente: los queremos porque son muy imperfectos [...] La perfección sería aburrida. Sería inhumana. El punto umbilical, la humanidad, aquello que te hace humano y no sobrenatural e inmortal; eso es lo que amamos.*[1]

É importante lembrar que, no desenvolvimento da pós-modernidade, as marcas experimentaram uma profunda transformação formal, ao passar da imagem com forte carga icônica aderente ao produto à utilização do simbolismo complexo para sua expressão mais consequente. A marca, tão importante para a publicidade, tem de se fazer cada vez mais insólita e especial, e utiliza as mascotes para adquirir excepcionalidade sobre os aspectos da vida diária, criando vínculos de sentido vigorosos. Com isso, é possível produzir uma mudança do corrente e previsível ao insólito e ao fantástico. As mascotes atuam contra as cenas realistas exaltadas pela teatralidade, sublimando o cotidiano que teria por função fazer as marcas compreensíveis e entranháveis; surgiram, assim, imagens que sugeriam a fantasia como a mascote Bibendum, dos pneus Michelin, um ser antropomórfico feito de uma pilha de pneus que convive conosco há mais de cem anos.

A mascote vem reforçar as características essenciais da publicidade contemporânea, que se distancia de ser informativa e de assegurar verdades incontestáveis para se converter em uma comunicação cada vez mais irrealista,

---

[1] As crianças não são adoráveis porque estão sempre caindo e têm corpos pequenos com cabeças grandes demais? Walt Disney não sabia disso muito bem quando criou os sete anões? E esses cães engraçados que as pessoas têm: os amamos porque eles são muito imperfeitos [...] A perfeição seria chata. Seria não humana. O ponto umbilical, a humanidade, aquilo que te faz humano e não sobrenatural e imortal; isso é o que nós amamos.

fantástica, onírica, delirante, surreal e extravagante. A marca, nesse contexto, tem o objetivo de desconectar o produto da sua funcionalidade elevando-o a símbolo. É a época da publicidade criativa, irreverente e da festa espetacular: os produtos devem converter-se em estrelas, é preciso converter a materialidade dos produtos em "seres viventes", e criar "marcas persona" com estilo de "vida" e caráter próprios e bem demarcados. É preciso humanizar a marca, dar-lhe uma alma, uma história, psicologizá-la. A rede de

Rei Burguer King

fast-food Burguer King passou de uma referência metonímica ao rei, a coroa, para o protagonismo do monarca "em carne e osso", presente em promoções, *merchandising* e todas as manifestações mercadológicas da marca. Exemplo típico de manifestação marcaria em busca do estabelecimento de uma marca persona com extrema vitalidade.

O fetichismo da mascote

O fetichismo é parte constitutiva da mascote, uma vez que, como apresentado anteriormente, sua etimologia se relaciona a amuletos e objetos portadores de fortuna e sorte. Seu porte e/ou uso permite a transformação quase sempre positiva, desejada e sedutora. O poder transformador, portanto, fetichista, é inerente à sua natureza. Assim, notamos que há diferentes formas de dotar fenômenos sígnicos de capacidades fetichistas, desde antropomorfização de objetos cotidianos, como produtos e embalagens, até personagens e complexas animações 3D. A magia é sedutora porque simula nossa capacidade de modificar a realidade e, em certa medida, controlá-la mesmo que subjetivamente.

A procura por uma segurança psíquica é uma busca incessante do homem, sempre presente desde o início de sua existência. Winnicott (1972) desenvolveu a teoria kleiniana das relações objetais de modo a enfatizar o papel-chave de tais "objetos intermediários" no desenvolvimento humano. O autor acredita que esses objetos intermediários são fundamentais para o estabelecimento das distinções do "eu" e do "não eu", criando uma espécie de área de ilusão que auxilia a criança a desenvolver relações com o mundo exterior.

Todos nós tivemos um brinquedo preferido, uma chupeta ou um pedaço de cobertor velho e macio que nos fazia sentir mais acolhidos e seguros. O que esses objetos permitiam era a construção de uma ponte entre os mundos interior e exterior. É por essa razão que, se o objeto preferido for modificado, por exemplo, lavar o cobertor, a criança pode sentir uma ameaça à sua própria existência.

Winnicott (1972) acredita que os objetos intermediários, como a boneca, a chupeta ou o cobertor, continuam durante toda a vida, e são gradualmente substituídos pelo relacionamento com outros objetos ou experiências que mediam a relação de alguém com seu mundo e ajudam a pessoa a manter um sentido de identidade (aspecto também explorado no item "Mascote é mediação" na página 46).

Na adolescência e também na juventude as coleções poderiam ser os representantes desses objetos, assim como objetos de valor, um sonho querido, qualquer "coisa" pode tomar o lugar da boneca, simbolizando e garantindo para nós aquilo que realmente somos e onde nos situamos perante o mundo exterior.

Na mesma direção reflexiva, Montigneaux (2003, p. 35) afirma:

> Os brinquedos e os desenhos são os condutores simbólicos que permitem à criança utilizar um significativo para representar um significado ausente. É durante as brincadeiras que a criança coloca em ação a sua imaginação, elaborando verdadeiras cenas teatrais das quais ela é a autora e a atriz principal. Essas brincadeiras lhe permitem reproduzir de maneira simbólica as situações da vida cotidiana, montando essas situações dentro de um cenário original.

O sistema de pensamento da criança é animista porque ela atribui às coisas, aos objetos concretos, uma alma análoga à sua. Consiste em emprestar aos objetos características semelhantes àquelas que a criança empresta a ela mesma. Assim, quando a criança bate a cabeça na porta, ela age como se a porta tivesse a intenção inequívoca de machucá-la, por isso exige que a porta seja "repreendida".

O animismo infantil tem várias origens, Montigneaux (2003, p. 44) atesta que "a criança acredita no poder total do homem sobre as coisas". Ou seja, tem a certeza da possibilidade do controle.

As mascotes no universo sígnico das marcas

Há um tipo de personagem que encontramos na literatura e, também, como prática cotidiana na publicidade e no marketing, que é a mascote de marca. A mascote pode apresentar-se de inúmeras maneiras e, até por isso, a proposição de uma classificação é tão relevante.

Mascote é o nome dado a um objeto ou ser que é escolhido como representante visual ou identificador de um fenômeno sígnico que se deseja denotar (por exemplo, a mascote dos Jogos Olímpicos, a de um clube de futebol, a da Copa do Mundo etc.). As mascotes são fenômenos sígnicos com muita imaginação e normalmente têm forte conexão com as expressões daquilo que ele se vai agregar; por exemplo, Quinas, a mascote do Euro 2004 – Portugal, está vestida com a camiseta da seleção portuguesa de futebol, ou, como aconteceu com o Naranjito, mascote da Copa do Mundo de 1982, sediada na Espanha, que representava um produto emblemático do país, também em função de vestir o uniforme da seleção espanhola de futebol.

Quinas, a mascote do Euro 2004

As mascotes, de acordo com Costa (2004), não são coisas reais nem fenômenos habituais, ainda que evoquem o real, pois são realidades fora da realidade cotidiana. São figuras muitas vezes chocantes, originais, algumas surrealistas, outras emblemáticas, mas com um forte componente simbólico. A afirmação do autor perde potência quando analisamos a expansão das mascotes como importante expressão de marca, fato notório no Brasil e no exterior, a partir dos anos 2000, como pôde ser constatado em nossa pesquisa de campo.

Assim, o termo mascote, no universo marcário, pode ser definido como um elemento expressivo da marca que é capaz de identificá-la (sem a necessidade de qualquer outra referência) e diferenciá-la, conferindo-lhe vitalidade, o que favorecerá a conexão afetiva entre a marca e seus intérpretes.

A mascote consiste em um símbolo da marca e faz parte de seu sistema de comunicação, desempenhando um papel mediador entre a realidade física da marca e a realidade psíquica e emocional dos diferentes públicos. É uma expressão da marca.

As mascotes são recursos que possibilitam maior controle por parte da organização, já que as personalidades devem passar por um rigoroso critério de seleção, sem, no entanto, ainda assim, ter qualquer garantia de êxito no tempo (Perez, 2004). As pessoas pensam, falam e têm vida própria, e isso se constitui, muitas vezes, em uma ameaça quando essas estão totalmente vinculadas à imagem de uma marca.

De acordo com o Observatório da Publicidade em Portugal (Costa e Veríssimo, 2004), as mascotes estão muito presentes nos produtos e marcas infantis e representam o significado da marca adaptado ao desenvolvimento cognitivo e psicológico da criança, transmitindo os valores da marca e, simultaneamente, estabelecem uma relação entre a marca e a criança ao nível cognitivo (reconhecimento e memorização da marca) e afetivo (simpatia e atração pela marca). Nesse mesmo sentido, surgem os estudos de Mizerski (1995) e Ogilvy (1983), que afirmam que as mascotes são eficazes ao nível do desenvolvimento das preferências das crianças. Mas o que percebemos, e que se refletirá na sistematização apresentada no capítulo 4, é que as mascotes não se limitam ao universo infantil ou adolescente, ao contrário, muitas delas são parte de contextos adultos e buscam associações exclusivamente com esses públicos, alinhado ao que Winnicott (1972) postulava.

As mascotes têm como finalidade aproximar a marca das pessoas e, na comunicação publicitária, podem ter uma expressão mais ou menos ativa, assumindo a sua presença como função da necessidade de reforço da marca.

Frango Sadia (ex-Lectrec)

No caso dos produtos alimentares dirigidos a crianças e jovens, observa-se que a função predominante da mascote é atuar como personagem principal em interação com outras personagens (crianças em geral) e reforçar a presença da marca. Isso acontece, por exemplo, nas embalagens dos produtos da marca Clubinho Sadia, em que o frango Sadia (ex-Lectrec) se apresenta como um companheiro mais velho das crianças. Mas, nas demais linhas da marca Sadia, a mesma mascote se comunica com a dona de casa, com homens, adolescentes, no melhor exercício de sua flexibilidade sígnica. O frango Sadia é mascote da marca, uma vez que isoladamente é capaz de identificá-la e diferenciá-la.

Podemos observar ainda que as mascotes são predominantemente animadas, ou seja, têm vida, mesmo que ficcional, o que permite maior abertura ao imaginário.

Morfologicamente, a mascote pode assumir inúmeras características de animais, apelando a maior cumplicidade com as crianças, já que estas tendem a atribuir aos animais e também aos objetos a capacidade de sentirem emoções como os humanos. Por outro lado, não pressionam as crianças a procurar esses seres antropomórficos na sua realidade exterior, deixando-as livres. É justamente esse antropomorfismo, alicerçado na ambiguidade animal-humano, que está a vitalidade e a atitude física, associada a emoções por meio da expressão facial, dos movimentos e do olhar das mascotes animais ou dos produtos e embalagens animados.

Os animais são dotados de uma simbologia muito própria que representa valores como força, energia e vitalidade, muitos deles associados a produtos alimentares (Montigneaux, 2003), e também a serviços, o que pudemos constatar também na investigação de campo tanto no Brasil quanto na Espanha.

Outra característica é que, no nosso imaginário, as mascotes são portadoras de sorte e de alegria, por esse motivo surgem não apenas no universo infantil, mas podem funcionar, analogamente, como amuleto, que traz segurança e conforto psíquico em qualquer idade.

Nos produtos alimentares, verifica-se uma forte tendência para a presença de personagens e mascotes do gênero masculino, em uma morfologia humana ou animal. Normalmente dirigida a um alvo comercial em que não há uma orientação específica quanto à idade, uma vez que a mascote tem de acompanhar o crescimento do seu público-alvo, reforçando a relação entre consumidor e marca ao longo do tempo. Tal característica pode ser justificada com a finalidade de atribuir uma coerência entre os elementos do sistema marca-alvo personagens.

É possível também encontrar mascotes como representações humanas e, nesse sentido, costumam orientar a evocação de valores morais associados aos pais, muitas vezes forçando a marca a optar pela escolha de um gênero essencialmente masculino, que facilita a adesão por parte do público-alvo, independentemente de seu gênero. É sabido que as meninas não rejeitam personagens masculinas na mesma medida que os meninos rejeitam as femininas.

Na perspectiva da gestão das expressividades identitárias da marca, a primeira função da mascote é ativar mecanismos de identificação que induzam, de alguma forma, a vontade que o consumidor possa ter em "ser como" as personagens apresentadas ou que ele se reveja nelas, sentindo-se como elas ou parte delas. Ou seja, um mecanismo de identificação, de segurança afetiva.

As mascotes estão entranhadas em nossa vida. Fato notório foi a recente publicação da *Top of Mind 2010*, edição histórica de 20 anos de pesquisa, em que as primeiras páginas da publicação estão permeadas de mascotes: Poupançudos, da Caixa; Baianinho, das Casas Bahia; e o Vivinho, da Vivo. Cada uma ao seu modo identitário externaliza a felicidade pelo reconhecimento do público (lembrança) e pelo prêmio recebido.

Modelo de criação e análise semiótica de mascotes e personagens

capítulo 3

Sobre o método para criação e análise

Durante a pesquisa, deparamo-nos com as mais distintas personagens e mascotes de marca, algumas sem pretensões identitárias, conectadas à efemeridade das promoções, e outras com uma notável permanência, configurando-se como vigorosas expressões da marca. Diante disso, iniciamos um profundo processo de análise das características sígnicas de cada personagem, sempre com o objetivo de entender como os vínculos de sentido eram/são construídos, o que possibilitou a proposição de uma metodologia robusta, com amplas utilizações, tanto para criação quanto para análise. A partir da teoria geral dos signos proposta por Charles Peirce (1977), construímos um roteiro metodológico para o entendimento e a interpretação da capacidade comunicativa de que esses fenômenos (personagens, mascotes e suas hibridizações) são potenciais portadores, e também foi possível sistematizar subsídios estratégicos para a sua criação e gestão.

Tendo em conta a tríade peirceana, signo, objeto e interpretante, temos:

65

O signo encarnado no objeto, caminho adequado ao estudo proposto, permite uma análise encapsulada do fenômeno a partir dos parâmetros sígnicos: qualitativo-icônico, singular-indicial e legissimbólico, sempre com o objetivo de identificar as potencialidades de sentido, os interpretantes, dentro de determinado contexto cultural.

Os ícones, qualidades encarnadas, vinculam-se à semelhança existencial entre signo-objeto, enquanto os índices, fragmentos de sentido, constroem relações mais pragmáticas e funcionais decorrentes de seu poder de sugestão. Já os símbolos criam construções culturais, portanto, convencionais, sem aderirem necessariamente à afetividade ou à funcionalidade. Os símbolos para funcionar como tal dependem da comunhão de códigos para não se tornarem herméticos e se enfraquecerem na sua capacidade de atualização de sentido. Sendo assim, podemos entender que as explorações icônicas têm a maior probabilidade de gerar interpretantes emocionais, as indiciais, relações mais pragmáticas, ao passo que as incursões simbólicas dependem de repertório e, portanto, demandam interpretação, cognição. Esquematicamente, temos:

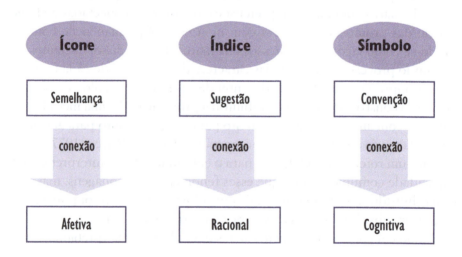

A construção de sentido a partir das relações triádicas

Como vimos no esquema metodológico apresentado, podemos manejar a expressividade de sentido das personagens e mascotes a partir da intencionalidade interpretante que almejamos. Por essa razão, o método é analítico e criativo ao mesmo tempo. Se tivermos a intenção de construir relações afetivas, é mais indicado o caminho qualitativo icônico em toda a sua potencialidade sensível. Quando a exigência recair sobre efeitos mais pragmáticos, por exemplo, pôr em evidência o efeito causado por determinado produto que a marca encarna, o caminho singular indicial é mais eficiente. E, ainda, se gozamos de vasto campo de experiência, repertório amplo ou então investimentos vigorosos, o caminho simbólico pode ser interessante pela sua capacidade de ampliar a subjetividade da marca por meio da personagem/mascote criada.

Para nos aprofundarmos nesse entendimento, é preciso explorar as relações de semelhança, funcionais e cognitivas, como faremos a seguir.

As semelhanças são normalmente construídas por meio das qualidades sensoriais e sinestésicas que os fenômenos apresentam ou suportam, como cores, contraste de cores, formas, texturas, fragrâncias, sons etc. Com ampla capacidade associativa, uma coisa se assemelha a outra por guardar com ela alguma semelhança, por isso, sua potencialidade em gerar efeitos de sentido predominantemente afetivos. As relações sugestivas são construídas por meio de relações de causa e efeito, vestígios, pistas, indícios, rastros e marcas sígnicas que permitem a construção de um efeito de sentido direto, funcional e comportamental – levam à ação e não geram interpretações complexas. Sobressai-se aqui a dimensão contextual do signo/objeto. As relações convencionais são decorrentes dos processos culturais construídos pelas mentes que compartilham os códigos empregados, que podem ser puramente arbitrários, sem fundamento lógico ou validade universal, daí os efeitos de sentido se constituírem a partir da cognição, ou seja, por meio de um processo mental de percepção, interpretação, memória e raciocínio.

É fundamental ter em conta que o interpretante peirceano é o potencial que o signo apresenta de ser convertido em outro signo, muitas vezes, mais evoluído e mais complexo. Ou seja, sua capacidade de gerar semioses vigorosas que permitam fundamentar sua identidade. Assim, um signo, que é capaz de gerar um efeito de sentido, por exemplo, beleza, carrega em si o desdobramento de novos processos sígnicos decorrentes do signo gerado, em uma semiose ilimitada (Santaella, 2001).

Desse modo, há personagens e mascotes que estabelecem de forma predominante relações icônicas, enquanto outras constroem relações indiciais e outras, ainda, simbólicas. A partir de cada uma dessas expressões constitutivas, os fenômenos passam a carregar a potencialidade de se vincularem com seus "públicos-destino" de maneira mais ou menos afetiva, mais ou menos funcional ou ainda arbitrária, ou seja, simbólica.

É notório que as relações de semelhança dependem de relações mentais associativas. Algo é semelhante a algo, para alguém, somente quando houver uma apropriação da relação significante historicamente constituída. Na maioria das vezes, as relações mentais associativas que nos levam a constatar que algo é semelhante a algo são processadas na mente sem a participação do pensamento consciente, quer dizer, trata-se de relações que fogem de nosso autocontrole, ou seja, que não são formalizadas. Poderíamos nos perguntar: se não dependem do controle consciente do nosso pensamento, então como são produzidas as relações de semelhança? Elas são produzidas pelo poder de sugestão (associação significante) que as qualidades das coisas possuem. São essas qualidades que despertam em nós a constatação de similaridades entre as coisas. Quais são essas qualidades? Geralmente, elas estão ligadas aos nossos sentidos. Há, assim, qualidades visuais, olfativas, táteis, sonoras etc.

As qualidades visuais, predominantemente icônicas, dizem respeito, por exemplo, às cores, às formas, às linhas etc. Qualidades táteis e indiciais têm relação, por exemplo, com textura, luminosidades e assim por diante. Qualidades verbais referem-se aos significados semânticos das palavras e expressões em determinado contexto, sem deixar de lado, no entanto, o fato semiótico de que o texto também é visual. Notamos que as relações de semelhança podem ser construídas nas mais diversas configurações expressivas.

Quando nos deparamos, por exemplo, com antropomorfizações de produtos ou de embalagens, estamos ao nível das construções por semelhança, ou seja, a personagem/mascote guarda relações de similitude tais que permitam acionar a rede associativa mental dos intérpretes, conectando-os ao universo signo da marca pelas suas qualidades. Daí os efeitos de sentido assumirem, predominantemente, uma dimensão mais afetiva e emocional. Exemplo típico é o caso da marca Assolan com o Assolino ou ainda a antropomorfização da bisnaguinha Pullman e o surgimento do Bisnaguito.

Há, também, relações de semelhança que lançam mão da estilização, distanciando-se, assim, da verossimilhança primordial. O caso exemplar é do Bibendum da Michelin, que foi criado a partir do

Bisnaguito das bisnaguinhas Pullman

amontoamento de pneus brancos de bicicleta (relação de semelhança com o produto principal da Michelin à época), mas que ao longo do tempo se distanciou criando forma e conteúdo próprios.

Algumas construções levam ao máximo as relações de semelhança, o que potencializa os efeitos de sentido emocionais. Caso exemplar é o dos biscoitos Osito Lulu: o biscoito (produto) é produzido em formato de urso; a marca, na sua expressão visual, contém urso (o urso Lulu); e a mascote é o próprio urso. Os efeitos de sentido associados à verossimilhança caracterizam-se pela segurança e credibilidade, pois não são o "real modificado", e sim "o real". Nesse sentido, eliminam qualquer possibilidade de falseamento, dúvida e insegurança.

Bibendum da Michelin

As relações de semelhança podem, ainda, se construir por meio de uma relação verbal–figurativa,

Biscoitos Osito Lulu – Espanha

como no caso do bolinho de sobremesa Ana Maria ou mesmo do Baianinho das Casas Bahia. Ana Maria é o nome da menina-mascote, assim como a marca do produto envolvida pela marca-mãe Pullman. Outro exemplo é do Brasilino, mascote da Fábrica de Móveis Brasil, a semelhança

Embalagem do bolinho Ana Maria da Pullman

Baianinho, mascote das Casas Bahia

A mascote Brasilino

Bunny da Duracell

Elefantinho da Shell

é verbal Brasil/Brasilino, assim como o Baianinho das Casas Bahia.

Quando a constituição da mascote se dá por meio de relações indiciais, ou seja, pelo poder de sugestão ou, ainda, pelas potenciais relações de causa e efeito, temos com eles uma relação mais funcional e pragmática. Assim, podemos exemplificar os casos do Bond Boca da Cepacol (relação de causa e efeito): boca saudável, hálito puro e sorriso conquistador (permitidos por meio do uso do produto); ou ainda Bunny, o coelho das pilhas Duracell, que existe e se constitui em função da durabilidade (funcionalidade) proporcionada pelo produto. Também o coelho da marca de papel higiênico Personal estabelece uma relação absolutamente funcional – espera-se que o produto seja macio como é a sensação de estar em contato com os pelos fofos do coelho, ainda que o coelho seja, em si, um animal afetivo, quer por suas características genotípicas, quer pelas fenotípicas. A mesma estratégia é apresentada pela marca de amaciante de roupas Fofo, que tem no afetuoso urso a relação de causa e efeito: maciez proporcionada pelo uso do produto/maciez e aconchego proporcionados pelo ursinho (aqui muito mais em função da maciez do pelo do animal do que propriamente pelas suas características intrínsecas/naturais que o distanciariam: ferocidade, robustez etc.).

As convenções são construídas a partir de pura arbitrariedade ou por meio da comunhão de códigos, estes também arbitrários. Com isso, não há uma conexão por semelhança nem indicial, mas a construção de sentido depende de códigos preexistentes ou ainda gerados para tal. Um bom exemplo foi o caso do Elefantinho, mascote da marca da petrolífera Shell, nos anos 1960 e 1970, em que fica evidente que não há relações de semelhança nem indiciais, mas simbólica, construída. O elefante passou a ser símbolo da marca por pura arbitrariedade dos gestores e isso foi possível por meio de amplos investimentos publicitários e promocionais.

Assim, também poderíamos entender que os licenciamentos fazem uso dessa estratégia, com o intuito de que a personagem/mascote torne-se símbolo, independentemente de possibilitar ou não relações icônicas e ou indiciais. Exemplos são os casos do Jotalhão, associado à marca de extrato de tomates Cica, durante muitos anos, e da Turma da Mônica na linha de produtos infantis da Perdigão. Em princípio, não há uma conexão entre elefante e molho de tomate e entre animações de crianças e embutidos de carnes da marca Perdigão.

Jotalhão, vinculado à marca Cica

O dinossauro do iogurte Danone, bastante explorado no mercado espanhol, é exemplar como símbolo (relação arbitrária), porém, ainda assim, construiu-se uma relação de semelhança com a marca quando o produto foi batizado de Danonino – semelhança verbal, nominativa.

Além dessas vinculações bastante claras e inequívocas, há ainda as hibridizações, ou seja, a integração de mais de uma estratégia sígnica. Desse modo, obtêm-se, com seu uso, efeitos de sentido múltiplos e abertos ao repertório dos públicos-alvo. Exemplo que podemos analisar a partir da marca de detergente em pó Minuano e da criação das mascotes Minus. Os Minus guardam uma relação de semelhança verbal com o signo-marca, mas também simbólica porque trazem referência a uma cultura milenar. A civilização minoica desenvolveu-se na ilha de Creta, a maior ilha do Mar Egeu, entre 2700 a.C. e 1450 a.C., o período anterior ao da civilização micênica. Teve como principal centro a cidade de Cnossos. O termo "minoico" deriva de Minos, título dado ao rei de Creta. Os minoicos foram uma civilização pré-helênica da idade do bronze. Baseando-se em descrições da arte minoica, essa cultura é frequentemente

Dinossauro mascote do Danoninho

Minus, mascotes da Minuano

descrita como uma sociedade matriarcal voltada para o culto à deusa. O termo "minoico" foi criado pelo arqueólogo inglês sir Arthur Evans do "rei" mítico Minos, associado ao labirinto, que Evans identificou como o sítio de Cnossos. É possível, embora incerto, que Minos fosse um termo utilizado para identificar um governante minoico determinado. Como os minoicos chamavam a si mesmos não se sabe, mas a palavra egípcia "keftiu" e a semítica "kafto" ou "caphtor" e "kaptara" nos arquivos de Evans referem-se evidentemente à Creta Minoica. Todas essas referências históricas podem não ser acionadas tendo em conta o padrão médio de escolaridade do cidadão brasileiro, porém continuam presentes como potência, e podem ou não se concretizar em algum momento e sob alguma determinada condição – dependem de repertório ou, nas palavras de Peirce (1977), da "experiência colateral". O mais provável é que Minus se conecte apenas e tão somente pela via verbal Minus–Minuano, como uma decorrência "natural" na língua.

Principais resultados da pesquisa

Diante das reflexões anteriormente apresentadas, e integrando a pesquisa de campo e documental, foi possível chegar a algumas conclusões que poderão facilitar tanto os processos criativos como analíticos.

Os resultados apresentados de forma sistematizada são:

1. Quando desejamos obter efeitos de sentido de ordem essencialmente emocional e afetiva, os caminhos criativos devem ser explorados no sentido de maximizar a semelhança, ou seja, explorar a dimensão qualitativo-icônica das criações.

   A verossimilhança entre produto, embalagem e a mascote é uma das explorações mais fortes no sentido de construir vínculos afetivos. Por meio de antropomorfizações, esse recurso permite a exploração "da vida", conferindo sentido "existencial" à personagem criada.

   A pesquisa quantitativa realizada com mais de duzentas marcas e suas diferentes mascotes e personagens indicou que os recursos predominantemente icônicos constituem 40% de todos os casos analisados, com predomínio da estratégia de antropomorfização de produtos e embalagens, seguida de explorações da semelhança semântica nome da marca/personagem.

   Foi possível identificar que as categorias de produtos e serviços que mais exploram o caminho expressivo icônico são as dos alimentos e das bebidas com 60% dos casos, seguidas pelas de serviços com 20%. Tal constatação está vinculada à afetividade da comida e também das bebidas na trajetória histórica da humanidade. As conquistas eram e são comemoradas com banquetes, festas com abundância de pratos etc. Nada mais afetivo: celebração da vida com fartura.

2. Quando desejamos obter efeitos de sentidos mais pragmáticos e funcionais, aqueles que estabelecem relações de causa e efeito (uso do produto-efeito), as explorações estéticas devem direcionar-se ao poder de sugestão que brota dos índices. Um caminho interessante é a construção estética das relações de causa e efeito, bastante facilitadas quando estamos ao nível dos produtos concretos: efeito gerado ou proporcionado pelo uso ou consumo. De todos os casos analisados, as explorações indiciais são as menos incidentes, com apenas 9% dos casos. As categorias de serviço e produtos que exploram as relações indiciais são as de higiene e limpeza com 80% dos casos analisados. O que se coloca em evidência é o feito causado pelo uso ou consumo do produto, o que conecta perfeitamente com a categoria de maior incidência: efeito do produto de limpeza ou ainda do produto direcionado à higiene.

3. Quando o objetivo é o estabelecimento de uma relação a partir de um "esforço" cognitivo, é possível explorar as manifestações simbólicas, que são muitas vezes arbitrárias e prescindem de valores universais. Cabe aqui o esforço inicial, às vezes publicitário e promocional, na construção dos vín-

culos de sentido que depois são fortalecidos, criando uma dinâmica própria, chegando ao nível máximo da semelhança, ou seja, a iconicidade. Por meio dos processos cognitivos, em princípio, qualquer mascote (nas suas diferentes possibilidades) pode ser expressividade de marca.

Dos casos analisados, quase 51% estão enquadrados no que chamamos estratégia de exploração simbólica. Essa constatação explica-se em função da sua total abertura à sustentação sígnica, ou seja, está nas "mãos" dos gestores da marca e na capacidade de investimento publicitário e promocional a construção da carga de sentido da forma que for mais conveniente.

A utilização de relações simbólicas e arbitrárias são mais comuns nos alimentos, com 30% dos casos, seguida pelos serviços com 28% dos casos analisados. A grande expressão dos símbolos nos serviços é explicada, uma vez que estão ancorados na intangibilidade e na dificuldade em manter padrões de sua oferta. Cabe destaque nesse tipo de abordagem sígnica das mascotes os postos de gasolina/petrolíferas, bancos, serviços de telefonia e internet.

Como toda classificação é sempre arbitrária, não podemos deixar de lado a relativização dessa sistematização, além da constatação das hibridizações e da mobilidade dos signos no tempo. Uma estratégia pode iniciar-se simbólica e no tempo e com sua força sígnica passar a ser icônica. Exemplo típico é o caso do ator Carlos Moreno, que se inicia como um símbolo (esforço publicitário e promocional para torná-lo "parte" da marca) e depois se constitui como um ótimo representante da consolidação do ícone, ou seja, ele é hoje semelhante à marca Bombril, podendo representá-la e substituí-la nos mais diferentes contextos, inclusive com vantagens de sentido por ser absolutamente afetivo.

Como vimos, há ainda as hibridizações, ou seja, as misturas em termos estéticos e, consequentemente, também no potencial de gerar novos interpretantes. Essas misturas normalmente acontecem por meio da exploração das capacidades mágicas, oníricas e transformadoras que algumas criações de personagens e mascotes podem apresentar. Por exemplo, a potencialidade mágica dos gênios, das fadas, dos super-heróis ou mesmo de gnomos e monstros. As categorias de produtos que melhor exploram a hibridização estética e interpretante são a de higiene e limpeza e a dos serviços de telefonia e internet. Com isso, notamos que os meios híbridos e flexíveis como a internet demandam criações também ambíguas, abertas e transitórias, que operam entre o real e o surreal.

De todas as marcas analisadas, tivemos um grande predomínio de marcas que se expressam por meio de personagens e mascotes dentro do que chamamos indústria de produtos, com 75% dos casos e apenas 25% referiam-se a marcas de serviços. Já o segmento econômico de maior incidência foi a indústria de alimentos com 38% dos casos, seguida pela indústria de higiene e limpeza com 13%, moda e acessório com 11%, indústria de bebidas com 10% dos casos.

Dentro dos serviços, o destaque foi para as marcas de varejo (30% dos casos), seguida pelos bancos (23%), serviços de combustível e tecnologia (internet, telefonia etc.), ambos com 22% das incidências.

Outros resultados da pesquisa evidenciam, para além das estratégias criativas, caminhos sígnicos a partir de opções de gênero, faixa etária, nível e papéis sociais etc.

A mascote deve buscar personificar as principais dimensões do seu público, em especial aquele que tem maior probabilidade de decisão. O gênero da personagem deve estar adequado às pessoas que se pretende vincular e interagir. Nos estudos realizados, percebemos algumas constatações relevantes para ampliar o entendimento sobre as mascotes e personagens de marca. No que diz respeito ao gênero, encontramos:

Masculinos	65,0
Femininos	21,0
Indeterminado/Híbrido	14,0
Total	100,0

Os resultados mostram que a personagem principal aparece majoritariamente vinculada ao gênero masculino, com 65,0% dos casos. Estamos na presença de um universo masculino em detrimento do feminino, que tem uma reduzida expressão, 21,0%, bem menos da metade da incidência. Tal evidência pode estar associada à caracterização da personagem mascote dentro de uma perspectiva que explora a simbologia associada aos jovens, à energia e vitalidade (por exemplo, jogar, pular, correr, lutar etc.), enquanto as meninas são, normalmente, associadas a brincadeiras menos dinâmicas (brincar com bonecas, pular amarelinha, por exemplo). Essa observação pode estar associada ao fenômeno de construção e manutenção de estereótipos masculino e feminino ao nível das brincadeiras e, consequentemente, da atribuição de papéis sociais. No entanto, são vastamente estudadas na área da Educação, Psicologia e Ciências Sociais as drásticas mudanças por que tem passado o desenvolvimento infantil tanto ao nível cognitivo quanto social, destaque para a relação das crianças com a tecnologia e a influência em seu cotidiano.

Se, de um lado, a publicidade e as marcas refletem em suas expressões traços arquetípicos de cada sociedade, do outro, pode estar contribuindo para a sua construção e perpetuação desses mesmos estereótipos. Nesse sentido, pode conduzir a que o estereótipo masculino, que ainda domina nossa sociedade, comece desde a infância a ser inoculado no universo sígnico das crianças. Cabe lembrar que o estudo teve como amostra mais de duzentas marcas no Brasil, brasileiras e internacionais.

É interessante observar que, no estudo semelhante realizado pelo Observatório da Publicidade em Portugal (Costa e Veríssimo, 2004), houve alguma aproximação com os resultados obtidos no Brasil, principalmente no que se refere ao gênero das personagens e mascotes, a saber:

Masculino	54,0
Feminino	18,0
Ambos	16,0
Indeterminado	12,0
Total	100,0

É notório o predomínio do gênero masculino, ainda que a pesquisa portuguesa tivesse como foco de estudo exclusivamente as personagens e mascotes de marca destinadas ao público infantil. Da mesma forma, os estudos de Higgs, Medeiros e Pereira (2007) e, nos anos 1970, de Gofman (1979), obtiveram conclusões semelhantes, o que revela que o predomínio do gênero masculino resiste há anos nas expressões das marcas.

O estudo que fizemos mostra, ainda, que a personagem principal é caracterizada prioritariamente como da classe média alta urbana, com idades variadas que estão de acordo com as pessoas para as quais se destinam, embora, em sua maioria, o público destino não esteja especificado nas mensagens, o que leva a inferências a respeito dele. No entanto, o tipo físico, as vestimentas e a linguagem utilizados pelas mascotes são evidentes signos de urbanidade, manifestações circunscritas ao que se convencionou chamar de classe média. Há o predomínio de personagens com a cor da pela branca (em variações de tons), cabelos claros (loiros ou castanhos), uso de calça jeans, tênis, brincadeiras como surf, skate, patinete etc. Sinais estes que circunscrevem socialmente as personagens a camadas mais privilegiadas da população.

Outra constatação notória é que as personagens e mascotes destinadas prioritariamente ao público infantil, em geral não aparecem isoladas, mas sim nos mais distintos ambientes, de modo a transmitir a naturalidade da mensagem para que esta possa se alinhar afetivamente ao público, foco da ação. O cenário predominante é o grupo de crianças ou grupo de amigos, o que aumenta ainda mais a afetividade. Casos como da mascote Ronald McDonald's e sua turma: Birdie, Shaky e Papaburguer, das personagens da marca Kero Coco de água de côco: Keco, o super-herói da turma, integrada ainda por Mikoco, Cokota, Cocoleke e Kito, as turmas de frutinhas da marca Kapo e também da marca de sucos Del Vale, além de tantos outros.

Ronald McDonald's

O papel da mascote é um fator relevante a ser considerado nas estratégias comunicacionais a serem construídas para desenvolverem a marca. Os diferentes papéis das personagens devem estar relacionados com o tipo de produtos que se deseja dar visibilidade e com o tipo de vínculo que se deseja construir com as pessoas.

Em uma verificação exploratória, percebemos que, no caso de produtos de grande consumo, as personagens assumem majoritariamente o papel de utilizador, fornecendo assim um modelo com o qual o público pode se identificar. Outros papéis que surgem são o de influenciador, o testemunho ou ainda significativo do produto, ou seja, o próprio produto humanizado, por exemplo, um ovo (Kinderino) ou

Kinderino da Kinder

confeitos de chocolate (M&M's) com vida. Cabe salientar que em alguns casos a mascote não pode ser utilizador, caso notório do frango Sadia, pois afinal de contas "frango não pode comer frango" (um dos principais produtos da marca Sadia).

Outra constatação relevante é que na estratégia de antropomorfização de animais, a maior incidência encontrada é de aves (galinhas, galos, araras, pinguim, patos, tucanos, passarinhos em geral etc.) com 20%, seguida por felinos 19% (gatos, leões, leopardos, tigres etc.), coelhos com 10%, ursos 9%, vacas 6%, ratos 4% e cães 3%, os restantes, 29%, correspondem à utilização de animais variados, como sapos, borboletas, girafas, tartarugas, macacos, morcegos, peixes, camelos, jacarés, elefantes, focas. Porém, mesmo quando encontramos

 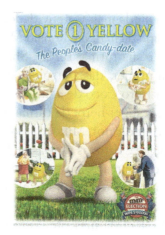

M&M's

marcas que se expressam por meio de animais mais agressivos, como leões, tigres, ursos e vacas, as mascotes são desprovidas de manifestações bélicas inerentes a cada espécie, tais como garras, chifres e presas. O que se conclui que, no Brasil, as mascotes devem ingressar no universo lúdico e distanciar-se de suas características físicas que possam suscitar agressividade.

Independentemente do papel social assumido pela mascote, ela tem a função primordial de humanizar os produtos e as marcas, tornando-as mais próximas das pessoas e também mais afetivas.

As motivações para a criação de mascotes são inúmeras, assim como as estratégias possíveis. É comum a adoção de animais típicos da fauna dos países para acontecimentos históricos ou esportivos, por exemplo. A antropomorfização de objetos, letras do alfabeto e números, de fenômenos da natureza, como o Sol, a nuvem, a Lua, além de animações de figuras humanas, também são recorrentes. Com essa profusão de possibilidades, objetivos e estratégias, percebemos a necessidade de uma sistematização desses elementos de expressividade de marca que denominamos taxonomia das personagens, que apresentaremos no próximo capítulo.

Por uma taxionomia de personagens e mascotes

capítulo 4

Introdução

No cotidiano constituído por uma realidade aplastrante, muito nos surpreenderia assistir a uma aberração ou uma deformação da natureza que nos surpreendesse. No entanto, é possível nos depararmos com tal situação.

Assim, o design publicitário se faz às vezes de criador de traços disformes que nos surpreendem. Ainda que a mascote nos conecte com o mistério da gênesis da vida, é possível tentar construir uma metodologia que nos guie em sua criação e na seleção de sua forma e expressão mais adequadas, levando em conta o público destino e a cultura na qual está inserido, o tipo de produto e também seu momento mercadológico. Tudo visando assegurar um contexto em que a forma estética, tão apreciada pelos designers, não se torne opaca ou esquizofrênica e nem apareça alheia aos requisitos de um mercado exigente de novos produtos e conceitos culturais que se convertam em mitos cotidianos e cubram, assim, suas necessidades psicológicas e cada vez mais complexas dos multivíduos (Canevacci, 2008) em trânsito pontilhado pelas metrópoles (Bauman, 2007). É nesse contexto que uma deformação da natureza (por exemplo, um monstro) poderá ser carregada de afetividade até o ponto de ser capaz de gerar profundos sentimentos de adesão.

Dessa forma, realizamos um esquema que pode servir como ponto de partida para selecionar as opções de criação mais adequadas. Essa metodologia não pretende ser limitativa; ao contrário, cada uma das opções é somente enunciativa, com o fim único de ajudar na criação do conceito e sugerir as formas mais recorrentes e significativas. Incluímos as etapas mercadológicas da vida do produto e o segmento de mercado mais comum onde se encontra com o intuito de munir-se de um guia de aplicação prática e também como percurso fomentador da análise. Por outro lado, mencionamos também suas características físicas de acordo com sua conformação, e as expressões e os estilos gráficos mais comuns para podermos reconhecê-los e recriá-los. Certamente, deixa-se ao designer a liberdade criativa e o empoderamento pós-moderno de alterar qualquer das combinações que se propõe. Tudo em virtude de uma imaginação e de um grau mínimo de cultura e de conhecimento de seu contexto, que não deve ser negligenciado no exercício de qualquer profissão, principalmente quando estamos nos referindo aos criativos e aos que pesquisam.

Após a revisão teórica (Bree e Cegarra, 1994; Mizerski, 1995; Pecheaux e Derbaix, 1999, Perez, 2004, Côrte-Real, 2007, Montigneaux, 2003, entre outros), seguida da pesquisa de campo por meio da observação em quarenta pontos de venda no Brasil e na Espanha envolvendo mais de duzentas marcas e da pesquisa documental, propomos, sem a pretensão de esgotar as possibilidades, mas com o propósito de contribuir para a gestão e a produção de sentido das marcas, uma classificação taxionômica das mascotes e personagens.

Como bem apresentou Borges (1989), "não há classificação que não seja arbitrária e conjectural", tenho a certeza de que a proposta de uma taxionomia nunca será definitiva nem tampouco totalizante. O objetivo com essa proposição é, tão somente, mapear as produções existentes, bem como auxiliar na criação e interpretação de suas manifestações e produções de sentido para as marcas, produtos e organizações.

Por uma taxionomia de personagens e mascotes

Taxionomia de personalidades, personagens e mascotes

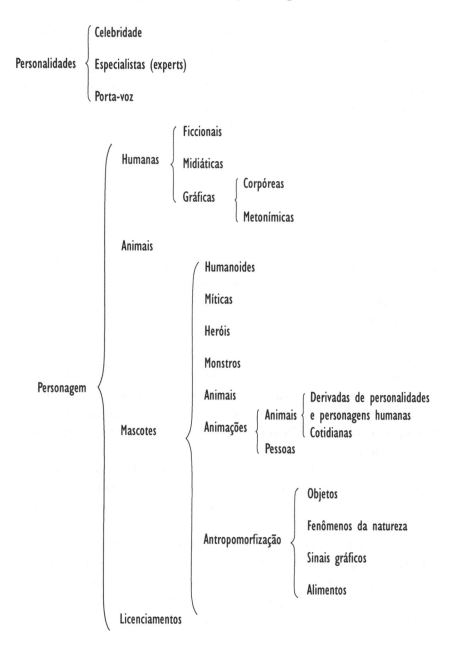

Personalidades

As personalidades integram um conjunto de pessoas que são prontamente reconhecidas do grande público. Podem se apresentar com as mais diferentes vinculações marcárias, como usuárias, influenciadoras, testemunhas, especialistas etc. Identificamos três possibilidades de uso de personalidades vinculadas às marcas mais recorrentes, as celebridades, os especialistas e os porta-vozes. Cada uma dessas vinculações atende a um tipo de efeito de sentido e a um contexto mercadológico e deve ser manejada tendo em conta essas distintas potencialidades comunicativas.

Celebridades

São pessoas com ampla repercussão midiática, com pleno reconhecimento pela massa populacional decorrente da exposição reiterada nos meios de comunicação massivos, prioritariamente na TV. Cabe destaque para as celebridades "relâmpago", que assim se denominam em função de sua rápida movimentação do anonimato à notoriedade em curto espaço temporal. Exemplos desse fenômeno envolvem exposições midiáticas decorrentes de ocorrências heroicas, tragédias, e mais recentemente os participantes dos *reality shows* televisivos. As celebridades em nossa cultura estão muito vinculadas ao universo dos atores, prioritariamente de televisão, aos cantores, principalmente populares, e aos jogadores de futebol e, mais recentemente, de volei e basquete. Do âmbito político também podem surgir celebridades e raramente do universo intelectual.

A principal vantagem da utilização da celebridade é a aderência a uma personalidade que está em grande evidência na mídia, trazendo associações e sensações positivas e críveis que são transmitidas à marca ou, pelo menos, compartilhadas.

A desvantagem dessa vinculação está no fato de que, normalmente, as celebridades responsabilizam-se por mais de uma marca e sua vida privada, envolvendo questões morais, atitudes e ações, é também objeto de repercussão midiática, o que pode impactar negativamente a marca por conta, simplesmente, da imprevisibilidade do humano.

São casos como de O. J. Simpson, celebridade no universo esportivo, que protagonizava os filmes publicitários da marca Hertz e foi acusado de assassinato. Ou ainda, mais recentemente, a promoção de 80 anos da Nestlé no

Brasil, protagonizada pelo ex-apresentador do SBT (Sistema Brasileiro de Televisão), Gugu Liberato, quando foi acusado de fraudar uma matéria em seu programa, ganhando grande repercussão negativa em toda a mídia.

O uso de celebridades é muito amplo, pois aplaca os desejos da massa por mirar-se em padrões de comportamento (visando o sucesso) e beleza (busca de aceitação e as recompensas sociais) construindo forte cumplicidade. E, nas palavras de Callcott e Alvey (1991, p. 18), "as celebridades produzem ótimo *recall* publicitário".

Penélope Cruz para L'Oreal

George Clooney para Nespresso

Especialistas (experts)

Trata-se de um grupo formado por pessoas que dominam uma área do conhecimento, uma profissão, uma habilidade, um assunto etc. Trata-se do uso de pessoas com reconhecimento intelectual, performático ou de alguma habilidade específica (esportiva, musical, literária) em suas áreas de atuação que possam ser conectadas às marcas compartilhando seus valores. O emprego de tal estratégia busca a adesão por meio do endosso, por isso é tão comum o uso recorrente da estratégia do depoimento, que sugere ser mais crível.

É profícuo o uso de especialistas associados a produtos e marcas que envolvam alta complexidade técnica ou performática. Eventualmente, podem estar associados a produtos cotidianos, como um xampu que se manifesta por meio de um cabeleireiro renomado, estratégia utilizada neste momento pela marca Seda da Unilever.

Porta-voz

Como o próprio nome sugere, o porta-voz fala publicamente em nome da marca. São personalidades que comungam os valores da marca e, por essa razão, têm a possibilidade de representá-la em diferentes situações comunicacionais. Muitas vezes se trata da personalidade mais representativa da estrutura organizacional responsável pela marca. Vimos, nos últimos anos, vários filmes publicitários da marca de automóveis Ford, protagonizados pelo presidente da companhia. Essa estratégia de "dar voz" ao principal executivo funciona também como uma espécie de especialista, não especificamente por meio do conhecimento de uma habilidade exclusiva, mas pela imagem e pela relevância hierárquica.

Personagens

As personagens formam um grupo constituído por seres humanos, animais, mascotes e demais seres ficcionais que se encontram associados às marcas.

A principal vantagem no uso de personagens é o controle que a organização pode exercer sobre elas. Podem ser concebidas para assegurar uma única marca ou até mesmo um único produto. Têm maior possibilidade de congruência e integração com a marca, uma vez que podem ser criadas com objetivos claros e específicos.

Em síntese, personagem é toda e qualquer representação humana, animal ou ser fictício que constitua elemento que auxilie na identidade da marca. A personagem que tem capacidade de identificar a marca de forma independente e autônoma é a mascote. Essa identidade pode se dar exclusivamente por meio da publicidade e das ações promocionais, podendo ser muitas vezes temporária e não exclusiva ou encarnar efetivamente a expressividade sígnica da marca, sendo, portanto, perene e constitutiva desta (mascote). Quando a personagem não é identitária da marca ela é uma personagem publicitária ou promocional, isso significa que ela não tem a obrigatoriedade de remeter ao universo sígnico da marca de forma autônoma. Há personagens que surgiram como promocionais, como foi o caso dos mamíferos da Parmalat; no entanto, após o imenso sucesso da promoção, passaram à identitários da marca ainda que não sejam utilizados como elemento expressivo da identidade.

Como vimos, as personagens podem ser humanas, animais ou mascotes. Dentre as personagens humanas, identificamos as ficcionais, as midiáticas e as gráficas.

Humanas

Ficcionais

Nesse agrupamento encontram-se personagens que se constituíram a partir de pessoas comuns, que não tinham projeção midiática e que normalmente a repercussão foi decorrente da exposição como expressividade da marca. Exemplo dessa estratégia é o da Betty Crocker, criada pela General Mills, nos Estados Unidos, em 1921, com o propósito de atender às demandas das consumidoras que queriam receitas culinárias. No Brasil, o Baixinho da Kaiser, criado como personagem em 1984, teve longa vida como representante da marca, sendo um caso que foi posteriormente resgatado em uma campanha de *buzz marketing* em que surgia como namorado de uma bela atriz, o que repercutiu midiaticamente, tornando-se referência dessa estratégia. Carlos Moreno, que protagoniza as campanhas da Bombril, é certamente um exemplo referencial. Ele deixou de fazer as campanhas por curto espaço de tempo, depois de quase 30 anos, e foi aclamado pelos consumidores, retornando à publicidade da marca Bombril.

Betty Crocker, criada pela General Mills

Midiáticas

São personagens criadas como álibi para ações mais contestatórias, humorísticas ou até mesmo políticas. No Brasil, o exemplo notório é o do Chacrinha, personagem midiática por excelência.

Carlos Moreno para Bombril

Mascotes: semiótica da vida imaginária

Chacrinha, personagem humana midiática

Abelardo Barbosa, o ator que incorporava a personagem, esteve à frente do seu programa de auditório por mais de 30 anos.

Outro exemplo referencial é o caso do repórter Ernesto Varela, incorporado por Marcelo Tas, do extinto programa "Olhar Eletrônico", da TV Cultura, na década de 1980. Tratava-se de um repórter que não apresentava qualquer tipo de limite na exposição de suas opiniões. Em muitas situações, constrangia os entrevistados ao limite, interpelando-os com questões difíceis ou polêmicas. Desse modo, sua personagem podia conduzir a entrevista sem as "amarras" naturais que toda situação constrangedora impõe.

Na Espanha, caso notório é o da personagem Chikilicuatre, criada para participar do Festival de Música Eurovision 2008. Por meio de votação na internet, os espanhóis escolheram Rodolfo Chikilicuatre como representante de seu país no referido festival. Em um caso nítido de contestação, a personagem incorporava irreverência e extravagância, materializadas nas roupas

Rodolfo Chikilicuatre

pouco usuais, coloridas e ecléticas e no seu visual que tocava os ares dos anos 1960, nitidamente nos óculos, nos cabelos e nas costeletas. O máximo da irreverência estava no seu instrumento musical de plástico.

Gráficas

São representações humanas estáticas, muitas vezes com a função de selo e/ou símbolo agregado à identidade visual. Essas personagens dividem-se em corpóreas e metonímicas. Essa divisão permitiu acolher as especificidades de constituição e exposição em cada caso.

Gráficas corpóreas. Referem-se às personagens humanas (de corpo inteiro) que surgem em contextos da marca, com maior recorrência em embalagens e peças publicitárias. Exemplos: a moça leiteira do Leite Moça Nestlé, a menina Coppertone, o menino Panco e a menina Tica e, em algumas representações, a mulher camponesa do óleo composto Maria. As personagens gráficas corpóreas têm a potencialidade de transformarem-se em mascotes de marca desde que os gestores e criativos atribuam-lhe "vida" e que passem a integrar a cenografia identitária da marca. Exemplo notório foi o soldadinho RC da Atma, fábrica de brinquedos dos anos 1960/1970.

Moça leiteira do Leite Moça Nesté

Menina Coppertone

Menino Panco

Menina Tica

Mascotes: semiótica da vida imaginária

Soldadinho da Atma

Gráficas metonímicas. Correspondem às imagens de figuras humanas parciais, que normalmente surgem como endosso da marca, como um selo. São imagens fixas. Exemplo é o da representação feminina da marca Casa do Pão de Queijo, que é, segundo consta, a representação da avó do criador da empresa. Certamente, o gestor buscava transmitir aconchego, confiança, credibilidade, sabor artesanal, todos efeitos de sentido com forte conexão ao universo da avó. Absolutamente adequada a um produto culinário, em princípio bastante afetivo. Outro exemplo é o clássico clérigo da Quaker, que é parte da identidade visual da marca há muitos anos. Outras manifestações, como o pequeno chinês de Lig-Lig ou, ainda, a mulher-selo, da marca espanhola de condimentos, Carmencita, são referenciais dessa categoria.

Animais

As personagens animais são aquelas que representam as marcas, mas não manifestam fatos de vida, ou seja, são animais gráficos estáticos que funcionam como selo e, às vezes, como parte simbólica da identidade de marca. Exemplos: o passarinho da Casa Ninho, o leão de Mate Leão ou, ainda, o coelhinho da Playboy. Aqui há, em alguns casos, a exploração do universo de sentido próprio do animal, tais como acolhimento (passarinho), ou ainda a criação de um universo simbólico próprio, caso notório da marca Lacoste com o jacaré.

Essa prática já havia sido amplamente assimilada nas manifestações lendárias heráldicas encarnadas por leões, ursos, dragões, bestas de todo o tipo, em que a simbologia de cada animal colocava em evidência os valores do clero e das famílias nobres (sobre este tema, ver Slater, 2004).

Mascotes

As mascotes constituem um agrupamento com grande diversidade de forma, design, estratégia e posicionamento. Coube, portanto, uma segmentação mais detalhada, que se encontra a seguir discriminada. Porém, o traço sígnico comum em todos eles é a manifestação de fatos de vida. Cada qual à sua maneira, todos demonstram vitalidade e forte vinculação às marcas. São, na perspectiva semiótica, expressões de marca, ou seja, são capazes de acionar, individual e autonomamente, o universo sígnico construído pela marca.

Mascotes humanoides

Ronald McDonald's

São personagens que identificam e diferenciam as marcas, são exclusivas e se apresentam como humanos, apesar de, normalmente, travestidos. Exemplos referenciais: o Ronald McDonald's, o Bond Boca da Cepacol ou, ainda, o rei da Burguer King. O que diferencia uma personagem gráfica corpórea de uma mascote humanoide é tão somente o nível de interação manifestada. As mascotes humanoides apresentam os fatos de vida: movimentam-se, falam – ou seja, estabelecem uma dinâmica de interação que as personagens gráficas corpóreas não apresentam.

Mascotes míticas

Chamyto da Nestlé

São representações de marca criadas a partir da mitologia, navegam pelo universo do sonho, da magia, do surrealismo, dos contos e das narrativas épicas. Além de sua capacidade representativa, as mascotes míticas adicionam mais uma camada de sentido, uma vez que acionam nossa imaginação, nosso repertório lúdico e histórico, além da memória. São exemplos de mascotes míticas os gênios, tanto o gênio do Habib's, quanto de Chamyto da Nestlé; os Minus duendes da Minuano; os Gigantes, como o Mr. Green, o Gigante Amaral (anos 1960) e outros.

As mascotes míticas exploram com perfeição a capacidade transformadora dos seres e a associação dessa capacidade com os produtos e as marcas pode ser muito interessante uma vez que a mascote, assim como a marca, são os agentes da transformação. É notório o uso recorrente de mascotes míticas em pro-

dutos de higiene e limpeza e alimentos. Nessas categorias, a transformação proporcionada pelo produto pode ser evidente, por exemplo, por meio das representações indiciais de limpeza (brilho, espelhamento, sugestões olfativas etc.) ou pela energia proporcionada, no caso dos alimentos. Em ambos os casos o poder de transformação é patente.

Mascotes heróis

Nessa categoria estão presentes as mascotes que possuem ou sugerem ter superpoderes. Retomando as proposições de Henderson (in Jung, 1964), apresentadas no Capítulo 2, as mascotes heróis demonstram precocemente seus poderes sobrenaturais, vencem as "forças do mal" e, adicionalmente, apresentam uma biografia transparente e edificante. Muitas vezes, com inspiração nas mitologias heroicas, diferenciam-se destas por apresentar o predomínio de características humanas. São representantes dessa categoria o Super 15, da Telefônica no Brasil e a criação heroica dos serviços Advanced da Telefónica na Espanha ou, ainda, o super-herói vinculado aos calçados Geox, também na Espanha.

Super-herói da marca Geox   Super 15, Telefônica

Apesar de representações distintas, o Super 15 mantém o fenótipo humano, enquanto o herói da marca Geox é uma animação, ambos manifestam poderes além do humano, com ênfase na capacidade de voo, o que só reitera a potencialidade mágica e de elevação que se obtém com tal recurso.

Mascotes monstros

São representações disformes de seres com vida, mas não guardam características essencialmente humanas ou animais. Em geral, integram esses universos e ainda criam as mais diversas formas de ação. Apesar das hibridizações entre os universos humano, animal ou mesmo mitológico, as mascotes monstros comunicam alta afetividade, despertando o sentimento de adesão. Uma característica dessa manifestação é que, normalmente, as mascotes monstros não surgem isoladamente, ao contrário, estão integradas em conjuntos, o que amplia sua afetividade, despertando o vínculo emocional do colecionismo. Outra característica diz respeito às expressividades fáceis, geralmente sorridentes e lúdicas, além de manifestações claras de afetividade, quer pelas formas orgânicas, quer pela obesidade ou mesmo pelos materiais com as quais são confeccionadas quando na versão promocional: tecidos, pelúcia ou borracha.

Poupançudos da Caixa

Mascotes animais

As marcas que se utilizam desse recurso incorporam à sua identidade algum animal. As mascotes animais não são representações ou animações de animais, são os próprios animais expressos por meio de imagens fotográficas. O que está em causa aqui é a verossimilhança, é o real. Exemplos podem ser encontrados na marca de amortecedores para veículos Cofap, que se utiliza de um cachorro da raça Dachshund, popularmente conhecido como "linguiça". Tamanha é a força dessa mascote para mostrar indícios da marca que é possível encontrar nos classificados de venda de animais a seguinte manchete: "vende-se cachorro Cofap".

Outro exemplo é do cachorro White Terrier, associado no lançamento da marca do portal de internet IG, que, por não ser muito explorado, perdeu força sígnica. A imobiliária paulista Coelho da Fonseca utiliza-se de um coelho para comunicar a sua marca que não tem uma identidade própria e única – simplesmente, é um coelho. Como símbolo genérico, traz a vantagem da flexibilidade e da perenidade, por meio, inclusive, da substituição por outro animal da mesma raça e características físicas.

Mascote da Coelho da Fonseca

Animações

A animação é um potente recurso das tecnologias gráficas, que tem evoluído rapidamente com as tecnologias digitais e softwares em 3D. As animações põe em marcha o simulacro da vida e, nesse sentido, são extremamente potentes.

Estão incluídas nessa categoria as mascotes que partem da natureza humana e animal, mas que possuem representação ficcional, muitas vezes caricata, hiperbólica ou mesmo idealizada. Assim, temos:

Rato da *Folha de S.Paulo*

Mascotes: semiótica da vida imaginária

Mascote Sadia

Farturinha da Cemil

Pascoal da Lacta

Animações de animais. Configuram-se como desenhos de animais antropomorfizados, normalmente domésticos e de convívio fácil (aves, por exemplo), com exceção para os casos em que se pretende comunicar força, vigor e potência. São os mais recorrentes e de maior abrangência no que se refere às categorias de produtos e serviços, com presença de alimentos à moda e serviços dos mais diversificados. Exemplos são Tony, o tigre da Kellogs, criado em 1952; Lectrec, o frango antropomorfizado, criado por Francesc Petit, da DPZ, para a Sadia em 1971; o coelho de pelúcia da marca de pilhas Duracell; o coelho da marca Energyzer; a Galinha Azul da Maggi; a vaca Farturinha da Cemil, o Rato da *Folha de S.Paulo*; o coelho de Nesquik, o coelho Pascoal da Lacta, a vaquinha da marca Itambé ou, ainda, os Gatinhos da DPZ. Aqui caberia ainda uma nova segmentação, pois percebemos que algumas marcas dão nomes próprios às suas mascotes, como no caso do Lectrec ou do Tony, e outras simplesmente associam a imagem sem, no entanto, atribuir um nome específico. Mesmo o Lectrec da Sadia, recentemente, tem sido referido como franguinho

Sadia, muito mais do que pelo seu próprio nome. Certamente há, aqui, um cuidado por parte dos gestores da marca, uma vez que quanto mais se amplia os fatos de vida e a utilização midiática da mascote, maior será sua potência sígnica e, se ela tem um nome próprio, a transmissão identitária para a marca que lhe deu origem pode não ser óbvia.

Castor da Brasilit

Animações de pessoas. Referem-se aos desenhos de figuras humanas com forte dinamicidade e, normalmente, ludicidade. Exemplos referenciais são o Baianhinho das Casas Bahia; a menina dos Supermercados Sonda; o Bond Boca da marca Cepacol; o Homem Azul dos Cotonetes J&J; a escoteira da marca AutoScouth; o Tio João do Arroz Tio João ou, para um recuo histórico, a Meninha Nhac da marca Claybom, criação de Luiz Briquet. A gangue Bardahl dos anos 1960 ou, ainda, a personagem Sujismundo, protagonista de uma campanha governamental dos anos 1970, são também exemplos emblemáticos dessa estratégia.

Nessa categoria, podemos identificar os desdobramentos de animações de pessoas cotidianas e as animações de pessoas derivadas de personagens e personalidades, como aconteceu com Ayrton Senna, que deu origem ao Senninha, Pelé com Pelezinho, Xuxa com a criação da Xuxinha e tantos outros.

Mascotes: semiótica da vida imaginária

Gangue Bardahl

Sujismundo

Meninha Nhac da Claybom

Por uma taxionomia de personagens e mascotes

Tio João do Arroz Tio João

Homem Azul da Johnson & Johnson

Antropomorfização

A antropomorfização é um recurso que transforma objetos/seres inanimados em fenômenos manifestações de vida. Aplica-se aos mais diversos fenômenos, desde objetos do cotidiano, embalagens, fenômenos da natureza, alimentos, vegetais, letras, números até sinais gráficos em geral etc.

A seguir, apresentamos uma tipificação a partir da natureza dos fenômenos com amplo potencial antropomórfico.

Antropomorfização de objetos. Trata-se da transmutação de objetos em direção à humanização. Esse recurso de dar vida aos objetos, que são na essência inanimados, confere grande afetividade e despertam o interesse e o sentimento de aproximação. Exemplo clássico é do Bibendum, criado em 1895, na França, para a marca Michelin, que teve sua inspiração em uma pilha de pneus de bicicleta, daí a cor branca. Já no século XXI, a Assolan entra no mercado de lã de aço, dominado pela Bombril, e apresenta uma mascote, o Assolino, constituída a partir da própria embalagem do produto que assume a frente da marca no ponto de venda e na publicidade, ganhando grande impacto e afetividade imediata. A antropomorfização de objetos pode ainda ser segmentada em antropomorfização de produtos, casos

Mascotes: semiótica da vida imaginária

Café Três Corações

Dollynho

como os M&M's (vermelho, amarelo, azul, verde e laranja), o Batonzinho da Garoto, os Phoskitos (Espanha), o Bisnaguito, das Bisnaguinhas Pullman ou também antropomorfização de embalagens, como os casos de Toddynho, Kinderino da Ferrero, Café Três Corações, Dollynho dos refrigerantes Dolly etc.

Companhia aérea Vueling

Antropomorfização de fenômenos da natureza. Contempla as mascotes criadas a partir de fenômenos naturais, como o Sol, a Lua, as nuvens, as ondas, o fogo, o vento, entre outros. Exemplos: o Solzinho da loja de brinquedos Ri Happy e o sol Cauê dos Jogos Panamericanos do Rio de Janeiro em 2007, além do Zé Gotinha – trata-se de uma antropomorfização de uma gota, supostamente da vacina Sabin – criado nos anos 1980 como parte da campanha de

Ri Happy

Por uma taxionomia de personagens e mascotes

El Niño, mascote espanhola de produtos esportivos

Cauê, mascote dos Jogos Panamericanos

Zé Gotinha, mascote de campanha de vacinação

vacinação contra a paralisia infantil. Outra referência é a nuvenzinha que protagoniza as manifestações de marca da companhia aérea Vueling.

Antropomorfização de sinais gráficos. Estão contempladas nessa categoria as animações constituídas a partir de letras ou números, muitas vezes surgidas a partir da própria logotipia da marca. Exemplo referencial é o caso das mascotes do Banco Unibanco que, em algumas situações, são animações de letras e números.

 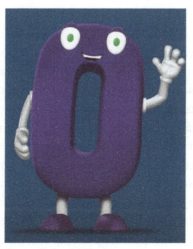 

Campanha "Nem parece banco" do Unibanco

Antropomorfização de alimentos. Trata-se de dar vida a alimentos em geral, com destaque para frutas, legumes e cereais. Caso emblemático é do arroz Brejeiro, que, nos anos 1970, deu vida a uma família de grãos de arroz que hoje é objeto de desejo de colecionadores Brasil afora. As frutas protagonizam marcas de bebidas como Kapo e Del Valle (várias frutas) e Pepsi Twist Limão. Caso emblemático e do Mr. Peanut, nos Estados Unidos, o centenário amendoim antropomorfizado. A antropomorfização de alimentos potencializa os efeitos de sentido de afetividade, uma vez que a alimentação é cercada de ritualísticas emocionais e celebratórias, além de serem fonte de vida.

Mr. Peanut

Naranjito, mascote da Copa do Mundo da Espanha, 1982

Licenciamentos

Essa modalidade guarda muitas distinções em relação às demais, principalmente por estabelecer uma relação central entre a organização e, portanto, a marca e outra organização, proprietária da personagem. As vantagens estão ancoradas no êxito que as personagens têm e a vinculação destas com a marca certamente trará camadas de sentido ligadas à modernização, atualização, entre outras. Outras vantagem é o ganho em mídia espontânea em função da repercussão que as personagens possuem nos diferentes veículos. Exemplos são as personagens da Turma da Mônica para os produtos da linha infantil da Perdigão e o Jotalhão, também personagem de Maurício de Souza, há anos com a marca de extrato de tomate Cica. As personagens da Warner, da Disney, da Pixar, além das personagens japonesas, estão presentes em vários produtos e serviços, com destaque para as parcerias, muitas vezes, globais do McDonald's para seus brindes do tradicional McLanche Feliz/ Happy

Meal. Uma das desvantagens é que, como a vinculação é regida contratualmente, com estabelecimento de prazos e valores, essas imagens podem figurar associadas a determinada marca, produto ou serviço por um espaço de tempo reduzido, não gerando associações positivas permanentes. Outra desvantagem é que o licenciamento normalmente acontece dentro da categoria, não estendedo às outras categorias. Assim, um mesmo personagem pode estar em alimentos, caso da Turma da Mônica na linha infantil Perdigão, e também em produtos de higiene, como xampus e fraldas Turma da Mônica, da Kimberly-Clark. Essas características fazem que o licenciamento seja encarado prioritariamente como uma estratégia promocional e não como identidade e expressividade de marca.

Cabe dizer que as mascotes animações de pessoas derivadas de personalidades são também fortemente destinadas aos licenciamentos, caso notório do Pelezinho, Senninha, Xuxinha entre outros.

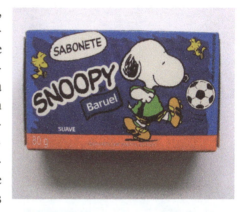

Considerações finais

O mundo mudou muito. Adventos do século XX e da primeira década do XXI criaram um novo cenário para a produção de sentido para as relações, para o entretenimento e, consequentemente, para o exercício de construção das mascotes. Agora temos inúmeros recursos e incentivos para performar nossas vontades e interesses na melhor expressão de nossas identidades plurais.

Mas se fizermos como Forster (2004) sugeriu e nos desapegarmos um pouco dos limites temporais, espaciais e cronológicos, veremos que temos em um mesmo contexto um grande número de autores que construíram grandes pensamentos entorno da ideia de personagem e que nos servem de referencial conceitual indispensável quando pretendemos estudar as construções sígnicas das mascotes contemporâneas. Não olhar para trás, ou seja, não pesquisar o ilimitado acervo dessas referências conceituais e artísticas que está disponível a nós com imensa facilidade, seria um grande erro no trabalho de criação e análise de personagens e mascotes, e foi nesse sentido que se originou o primeiro capítulo desta obra.

Entender que a mascote vincula-se historicamente com o universo do sortilégio, do bom agouro e da magia explicou grande parte da afetividade *a priori* dessas personagens que invadem nossa vida com graça. Seres limiares perturbadores e ternos, vínculos de sentido entranháveis no cotidiano célere e pontilhado da vida movente na sociedade pós-moderna.

Assim como no campo da tecnologia, socialmente o homem também se modificou. E, hoje, dialogar com esse novo público implica em conhecer cada vez mais e melhor o próprio homem, daí é que ressurge a valorização dos métodos antropológicos e etnográficos na tentativa de apreender, de fato, o que está ocorrendo à nossa volta. O homem que, como nos disse Kerckhove

(2009), possui várias identidades ou como nos apresentou Canevacci (2005), seus multivíduos cambiantes e em trânsito. O desafio atual parece ser o de utilizar os novos e velhos espaços e possibilidades expressivas para criar objetos sígnicos de identificação para uma sociedade de identidades plurais e de identidades cada vez mais fragmentadas e móveis, que atestam o fim da previsão e do conforto psíquico da segurança modernista.

Os limites se dissolveram criando novas ambiguidades e inseguranças. Espaço e tempo, individual e coletivo já não são instâncias estanques e facilmente previsíveis. Produzir um vídeo de ficção e distribuí-lo para pessoas do outro lado do planeta é algo cotidiano no Youtube; a distância não é mais um problema, na verdade, sequer está em questão. Não há também os limites físicos da personagem como víamos com precisão no passado. Durante as reflexões deste livro, nos deparamos com exemplos de personagens que ultrapassaram a fronteira ficcional e se jogaram em contextos reais, assim como vimos também personagens reais que por meio da representação e dos ecos de suas imagens reproduzidas se tornaram personagens fortes passando a atuar como objetos de identificação, como as ultramascotes.

Como prender a atenção de um *teleinterlocutor-intérprete-autor* que tem à sua disposição tantos arsenais de informação e interatividade máxima a todo o momento? Acredito que, apesar de estarmos diante de uma condição nova, muitas dessas respostas podem ser encontradas nos estudos clássicos sobre as personagens de ficção agregados ao entendimento dos novos parâmetros valorativos da sociedade pós-moderna. E esses novos parâmetros evidenciam que o homem contemporâneo está em busca do bem-estar ampliado, que valoriza o protagonismo permanente, promove, ainda que com dificuldade, uma relação sustentável entre as pessoas, tanto na perspectiva ambiental, quanto econômica e sociocultural e que valoriza a sinestesia como potência expressiva.

Fica evidente que a transitoriedade e a ambiguidade do mundo contemporâneo são um terreno fértil para o desenvolvimento das mascotes, uma vez que é dessa limiaridade primordial que ela surge e passa a palmilhar nossas vidas. Assim, as mascotes, como manifestação identitária pós-moderna, encarnam e motivam a prática simbólica, mítica e fetichista possível aos mortais, permitindo, a cada um de nós, nos colocarmos diante da realidade com muito mais graça.

Ainda há muito que falar. Mas, como disse Jorge Luiz Borges, publico para terminar.

Referências bibliográficas

AAKER, D. *Estrategia de la cartera de marcas.* Madri: Planeta DeAgostini, 2001.
ARISTOTELES. *Arte poética.* São Paulo: Martin Claret, 2003.
BAKHTIN, M. *A cultura popular na Idade Média e no Renascimento. O contexto de François Rabelais.* São Paulo: Hucitec, 1987.
BARTHES, R. *O grau zero da escritura.* São Paulo: Cultrix, 1971.
BATEY, M. *O significado da marca*: como as marcas ganham vida na mente dos consumidores. Rio de Janeiro: Best Business, 2010.
BAUMAN, Z. *Modernidade líquida.* Rio de Janeiro: Zahar, 2001.
_____. *Sociedade líquida.* Rio de Janeiro: Zahar, 2005.
_____. *Vida líquida.* Rio de Janeiro: Zahar, 2007.
BRECHT, B. *Estudos sobre o teatro.* Rio de Janeiro: Nova Fronteira, 2004.
BRÉE, J. *Los niños, el consumo y el marketing.* Madri: Paidós, 1995.
BRÉE, J.; CEGARRA, J.-J. Les personnages, elements de reconnaissance des marques par les enfants. Paris-9 Univ., 75. *Dauphine Marketing Strategie Prospective* – DMSP, 1994.
BEIRÃO, A.; LENCASTRE, P.; DIONÍSIO, P. Brands, mascots and children. A qualitative approach. EUROPEAN MARKETING CONGRESS, 4, Paris, jan 2005.
BITTANTI, M. *In Mascotte!* Selected by Delicatessen. Milão: Happy Books, 2003.
BORGES, J. L. *Obras completas.* Barcelona: Emecé, 1989.
CALABRESE, O. *A linguagem da arte.* Rio de Janeiro: Globo, 1987.

CALLCOTT, M.; ALVEY, P. Toons sell... and sometimes they don't: An Advertising Spokes-Character Typology and a Exploratory Study. Proceedings of the 1991. *Conference of the American Academy of Advertising*, Nova York, 1991.

CALLCOTT, M.; WEI-NA, L. Establishing the spokes-character in academic inquiry: historical overview and framework for definition. *Advances in Consumer Research*, v. 22, p. 144-151, 1995.

CAMPBELL, J. *El poder del mito*. Madri: Paidós, 1998.

CANDIDO, A. *A personagem de ficção*. São Paulo: FFLCH; Perspectiva, 1964.

CANEVACCI, M. *Culturas eXtremas*: mutações juvenis nos corpos das metrópoles. São Paulo: DP&A, 2005.

_____. *Fetichismos visuais*. São Paulo: Ateliê, 2008.

CÔRTE-REAL, A. F. *A atitude das crianças face às mascotes de marca*. Lisboa, 2007. Tese (Doutorado) – Instituto Superior de Ciências do Trabalho e da Empresa.

COSTA, J. *La imagen de marca*. Un fenómeno social. Barcelona: Paidós, 2004.

COSTA, F.; VERÍSSIMO, J. *Observatório da publicidade*. Lisboa, 2004.

DIDEROT, D. *Paradoxo sobre o comediante*. 1. ed. São Paulo: Escala, 2001.

DUARTE, D. Che. *Revista Piauí*. p. 3, 2008.

ELIADE, M. *Mito e realidade*. São Paulo: Perspectiva, 1972.

EMMONS, N. Mascots as brands: Well worth the investment. *Amusement Business*, ABI/Inform Global, 4 jun. 2001.

FEATHERSTONE, M. *Cultura de consumo e posmodernismo*. Buenos Aires: Amorrortu, 1991.

FIELD, S. *Manual do roteiro*. Rio de Janeiro: Objetiva, 1982.

FORSTER, E. M. *Aspectos do romance*. 4. ed. São Paulo: Globo, 2004.

GOBÉ, M. *A Emoção das marcas*. São Paulo: Negócio, 2003.

GOFMAN, E. *Gender advertisements*. Nova York: Harper and Row, 1979.

GOMARASCA, A. *La bambola e il robottone. Culture pop net giappone contamporaneo*. Turim: Einaudi, 2001.

GOMARASCA, A.; VALTORTA. *Sol mutante, Mode, giovani e umori nel Giappone contemporaneo*. Genova: Cosac & Nolan, 1996.

GOMES, P. E. S. *A personagem de ficção*. 9. ed. São Paulo: Perspectiva, 1995.

GOMES, L. C.; AZEVEDO, A. A utilização de personagens e mascotes nas embalagens e sua representação simbólica no ponto-de-venda. In: *Anais da Intercom 2005*. XXVII Congresso Brasileiro de Ciências da Comunicação. Rio de Janeiro, UERJ, 2005.

GUINSBURG, J. *Stanislavski, Meierhold e Cia*. São Paulo: Perspectiva, 2002.

_____. *Stanislavski e o teatro de arte de Moscou*. São Paulo: Perspectiva, 2004.

HAMMON, P. *Para um estatuto semiológico da personagem*. Categorias da narrativa. Lisboa: Arcádia, 1979.

HECKMAN, J. Care and feeling of mascots. *Marketing News*, ABI/Inform Global, 15 mar. 1999.

HEGEL, G. W. F. *Curso de estética* – O sistema das artes. São Paulo: Martins Fontes, 2001.

HELLIN, P. *Publicidad y valores posmodernos*. Madri: Siranda, 2007.

HENDERSON, J. In: JUNG, C. (Org.). *O homem e seus símbolos*. Rio de Janeiro: Nova Fronteira, 1964.

HIGGS, R.; MEDEIROS, C.; PEREIRA, F. C. As mascotes na publicidade de alimentos para crianças. *Actas 5º. SOPCOM* – Sociedade Portuguesa de Ciências da Comunicação. Braga: Universidade do Minho, set. 2007.

HOLT, D. *Como as marcas se tornam ícones*. São Paulo: Cultrix, 2005.

KAPFERER, J. *Strategic brand management*. Nova York: Free Press, 1993.

_____. *Les marques – Capital de l'entreprise – Les chemins de la reconquête*. Paris: Organisation, 1966.

_____. *Marcas*: capital da empresa. Lisboa: Cetop, 1992.

KELLER, K. L. *Strategic brand management*. Nova York: Prentice Hall, 1997.

KERCKHOVE, D. *A pele da cultura*. São Paulo: Annablume, 2009.

LABORD-TASTET, L. *Les enjeux de la personnification de la marque*: Le personnage de marque est-il source d'avantage concurrentiel durable? DEA Sciences de Gestion. Paris: IAE de Pau, 2002.

LASCAULT, G. *Le monstre dans l'art occidental*. Paris: Klincksieck, 2000.

LENCASTRE, P. de. Marca: o sinal, a missão e a imagem. *Revista Portuguesa de Marketing*, ano 3, n. 8, dez. 1999.

LINDSTROM, M. *Brand sense, a marca multissensorial*. Porto Alegre: Bookmam, 2007.

LIPOVETSKY, G. *O império do efêmero*. São Paulo: Cia. das Letras, 1989.

_____. *A era do vazio*. Barueri: Manole, 2005.

LIPOVETSKY, G.; ROUX, E. *O luxo eterno*. 1. ed. Trad. de Maria Lúcia Machado. São Paulo: Cia. das Letras, 2005.

LOURENÇO, E. *Pessoa revisitado*. 2. ed. Porto: Inova, 1971.

LUBBOCK, P. *A técnica da ficção*. São Paulo: Cultrix, 1976.

LYOTARD, J.-F. *A condição pós-moderna*. São Paulo: José Olympio, 1998.
MAGALDI, S. *Iniciação ao teatro*. 7. ed. São Paulo: Ática, 1998.
MÁRQUEZ, G. G. *Como contar um conto*. Rio de Janeiro: Casa Jorge Editorial, 2001.
MAURIAC, F. *Le romancer et ses personnages*. Paris: Édition Corrêa, 1952.
MAY, R. *O homem a procura de si mesmo*. São Paulo: Vozes, 2004.
McKEE, R. *Story*. 1. ed. Curitiba: Arte e Letra, 2006.
McLUHAN, M. *Understanding media. The extension of man*. Nova York: Signet Classics, 1964.
MERLEAU-PONTY, M. *Conversas*. São Paulo: Martins Fontes, 1994.
MIZERKI, R. The relationship between cartoon character recognition and attitude toward product category in Young children. *Journal of Marketing*: ABI/Inform Global, inverno, out. 1995.
MONTIGNEAUX, N. *Público-alvo*: crianças. A força dos personagens e do marketing para falar com o consumidor infantil. Rio de Janeiro: Negócio, 2003.
MURAKAMI, T. *Little Boy*: The arts of Japan's exploding subculture. Nova York: Japan Society, 2003.
_____. *Superflat*. Last Gasp. Nova York: Japan Society, 2001.
PALLA, H.; MELO, L. *Quem precisa de uma segunda vida?* Congresso Brasileiro de Pesquisa – Mercado, Opinião e Mídia, 3, São Paulo: Abep, 2008.
PALLOTTINI, R. *A construção do personagem*. São Paulo: Ática, 1989.
PARLOFF, R. Michelin Man: the inside story. *Fortune*, p. 145-149, 19 set. 2005.
PEIRCE, C. *Semiótica*. São Paulo: Perspectiva, 1977.
PEREIRA, F. C.; HIGGS, R. Publicidade de produtos alimentares dirigida a menores. Relatório 2º Trimestre 2005. *Observatório da Publicidade*. Lisboa: ESCS, 2005.
PEREZ, C. *Signos da marca*. Expressividade e sensorialidade. São Paulo: Thomson Learning, 2004.
_____. *Universo sígnico do consumo*: o sentido das marcas. São Paulo, 2007. Tese (Livre-docência) – Escola de Comunicação e Artes, Universidade de São Paulo.
PEREZ, C.; KOO, L. In: LAS CASAS, A. (Org.) Mobile marketing. A produção de sentido no universo digital. São Paulo: Saint Paul, 2010.
PERNIOLA, M. *O sex appeal do inorgânico*. São Paulo: Nobel/ECA USP, 2001.

PETIT, F. *Marca e meus personagens*. São Paulo: Futura, 2003.
PRADO, D. de A. *Peças, pessoas e personagens*. São Paulo: Perspectiva, 1993.
PROPP, V. *Morphologie du conte*. Paris: Seuil, 1970.
RANDAZZO, S. *A criação de mitos na publicidade*. Rio de Janeiro: Rocco, 1997.
ROCHA, H.; GOMES, L.; TELES, L. Logotipo e personagem no design de embalagem. *Anais P&D*. Curitiba: Unicemp, 2006.
ROSENFELD, A. *A personagem de ficção*. 9. ed. São Paulo: Perspectiva, 1995.
SAVATER, F. *El contenido de la felicidad*. Madri: Santillana, 2002.
SANTAELLA, L. *Teoria geral dos signos*. São Paulo: Thomson Learning, 2001.
SCHELP, D.; TEIXEIRA, D. Especial Che. São Paulo: *Revista Veja*, edição 2028, 3 out. 2007.
SCHOPENHAUER, A. *Sobre a visão e as cores*. São Paulo: Nova Alexandria, 2001.
SEGOLIN, F. *Fernando Pessoa*: poesia, transgressão, utopia. São Paulo: Educ, 1992.
_____. *Personagem e antipersonagem*. São Paulo: Olho D´Água, 1999.
SCHMITT, B.; SIMONSON, A. *A estética do marketing*. São Paulo: Nobel, 2000.
SEMPRINI, A. *La marque*. Paris: PUF, 1995.
_____. *Le marketing de la marque*. Paris: Licrisons, 1992.
_____. *A marca pós-moderna*. São Paulo: Estação das Letras, 2006.
SLATER, S. *The history and meaning of heraldry*. London: Anness, 2004.
STAFFORD, M.; STAFFORD, T.; DAY, E. A contingency approach: the effects of spokesperson. Type and Service Advertising Perceptions. *Journal of Advertising*, ABI/Inform Global, v. 31, summer 2002.
STANISLAVSKI, C. *A construção da personagem*. Rio de Janeiro: Civilização Brasileira, 2009.
TRINDADE, E. In: BARBOSA, I. (Org.). *A publicidade e a modernidade-mundo*: as representações de pessoas, espaço e tempo. São Paulo: Thomson, 2005.
TRINDADE, E.; PEREZ, C. O discurso publicitário e seus sujeitos plurais. In: *Imagens da cultura, cultura das imagens*. Porto: Universidade Aberta, 2008.
VOGLER, C. *A jornada do escritor*. 1. ed. Rio de Janeiro: Nova Fronteira, 2006.

VOIGHT, J. Mascot makeover. *Adweek*, ABI/Inform Global, jul. 7, 2003.
VOLLI, U. *Fascínio, fetichismo e outras idolatrias.* Lisboa: Fim de Século, 2006.
WINNICOTT, D. W. *L'Enfant et le monde extérieur.* Paris: Payot, 1972.

Mascotário de marca

Ana Maria

Marca: Ana Maria, Pullman
Data: anos 1970
País de origem: Brasil

Ana Maria é a menina que dá nome ao bolinho doce próprio para o lanche infantil, desde os anos 1970. No passado, aparecia somente na embalagem; hoje Ana Maria protagoniza as manifestações da marca, com ações promocionais em ambientes externos, além de material de ponto de venda, embalagem, site etc.

Ararajuba da Petrobras

Marca: Petrobras (distribuidora)
Criação: César Lobo
Data: anos 1990
País de origem: Brasil

A Ararajuba surgiu por volta da década de 1990 representando as lojas de conveniência dos postos da marca Petrobras. A ararajuba pertence à família dos psitacídeos (ordem de aves que inclui araras, papagaios e periquitos). Seu nome vem do tupi "arara amarela". Típica dos Estados do Pará e do Maranhão. Exibe em suas penas as cores verde e amarela. Por estar ameaçada de extinção, a Petrobras passou a financiar um projeto de reprodução de ararajubas em cativeiro, no Rio de Janeiro.

Assolino

Marca: Assolan
Criação: Agência África
Data: 2002
País de origem: Brasil

O Assolino foi criado em meados de 2002, com o intuito de fazer a marca ganhar força e espaço em um mercado muito competitivo. Continua até hoje como símbolo inequívoco da marca de lã de aço Assolan e foi criado a partir da antropomorfização da própria embalagem do produto para encarnar a campanha "Assolan, o fenômeno". A personagem surgia nos comerciais de TV dançando ao ritmo de *Ragatanga*, sucesso da Banda Rouge.

Baianinho

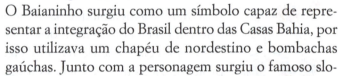

Marca: Casas Bahia
Criação: Interjob, agência interna da Casas Bahia
Data: 1970
País de origem: Brasil

O Baianinho surgiu como um símbolo capaz de representar a integração do Brasil dentro das Casas Bahia, por isso utilizava um chapéu de nordestino e bombachas gaúchas. Junto com a personagem surgiu o famoso slogan da rede: "Dedicação total a você!". Desde então, o Baianinho já passou por seis reformulações de imagem. Nos últimos anos, ganhou mais vivacidade e passou a participar intensamente dos comerciais da marca em formato de animação, aparecendo na transmissão dos desfiles das escolas de samba, ou ainda de chuteiras, durante a Copa do Mundo. Agora, com ar mais maroto e urbano, protagoniza as expressões da marca Casas Bahia, apesar de não ter falas, pois se tivesse deveria apresentar sotaque baiano, o que reduziria sua amplitude sígnica.

Bibendum

Marca: Michelin
Criação: André Michelin durante a Conferência da Sociedade dos Engenheiros Civis de Paris
Data: 1898
País de origem: França

A ideia do boneco Bibendum, conhecido como Bib, teve

início em 1893, na Conferência da Sociedade dos Engenheiros Civis, em Paris, em que ao defender as vantagens do seu pneu, André Michelin pronuncia uma frase que se tornaria o lema da Michelin: "O pneu bebe o obstáculo". No ano seguinte, durante a Exposição Universal e Colonial de Lyon, os dois irmãos Michelin notam, em seu estande, uma pilha de pneus de diversas dimensões, com um formato sugestivo. Acredita-se que Edouard teria dito a André: "Se tivesse braços, pareceria um homem". Em breve, André se lembraria dessa frase. Em 1897, o desenhista Marius Rossillon apresenta aos irmãos Michelin diversos projetos publicitários. Entre eles, um esboço destinado a um bar-restaurante mostra um homem gordo levantando sua caneca de cerveja, sob a frase latina "Nunc est bibendum" (Está na hora de beber). Para a imaginação de André Michelin, a frase evocou imediatamente seu lema "o pneu bebe o obstáculo". Associando o gordo bebedor à imagem sugerida pela pilha de pneus em Lyon, André encomenda um cartaz. Em 1898 foi criado um cartaz onde se via um imponente personagem formado de pneus, atrás de uma mesa, levantar uma taça cheia de cacos de vidro e pregos, dizendo, no momento de um brinde: "Nunc est bibendum". Lembrando os raros donos de automóveis da época, o então chamado "boneco Michelin" ostenta, orgulhosamente, sinais epocais de certa prosperidade econômica europeia, tais como anel de brasão (signo de nobreza), charuto (diferenciação) e uma inegável corpulência (robustez, saudabilidade). A utilização dos óculos antigos foi inspirada no próprio André Michelin. Porém, o nascimento de Bibendum ocorre alguns meses mais tarde, durante a corrida Paris–Amsterdã–Paris. Ao ver passar André Michelin, o piloto Théry exclama: "Olha lá o Bibendum!". No início dos anos 1990, foi aberto em Londres o Restaurante Michelin protagonizado pela presença do Bib. Em 2000, Bibendum foi eleito pelo jornal *Financial Times* e pela revista *Report On Business*, o melhor símbolo de marca do mundo. Bib também inspira criações em design como a cadeira Bibendum do designer Eullen Gray e tantos outros.

Bocão

Marca: Royal (gelatina)
Data: 1988
País de origem: Brasil
Tendo como principal objetivo aproximar o produto da rotina das crianças e comunicar formas divertidas de como consumir gelatina, foi criado o jingle "Abre a boca, é Royal", veiculado pela primeira vez em 1988, em filme que ainda não contava com a participação do tradicional personagem Bocão, que passou a fi-

gurar na comunicação do produto somente no ano seguinte, em continuação da campanha. A entrada da personagem Bocão deu mais força à iniciativa da marca, que pretendia mostrar para as crianças como era divertido comer gelatina. Feito com recursos de animação gráfica, a personagem, muito orgânica, procurava encontrar maneiras divertidas de levar as crianças a uma viagem ao mundo fantasioso e divertido da gelatina.

Bond Boca

Marca: Cepacol
Criação: Cláudio Sendim, da agência Caio Domingues & Associados
Data: 1983
País de origem: Brasil
Herói das peças publicitárias do Cepacol, enxaguatório bucal produzido pela Sanofi-Aventis, a personagem Bond Boca foi criada em 1983. Seu criador o rascunhou em storyboards e leiautes, inspirado em Roger Moore, o ator britânico que à época personificava o agente secreto James Bond, o 007, no cinema. Neste ponto, o Bond Boca era um personagem pronto, já tinha o topete, a gravata borboleta, o *summer*, o cravo vermelho na lapela, dentes brancos e o olhar de sedutor. Os traços de Bond Boca foram refinados pelo cartunista Spacca. O humorista Serginho Leite emprestava sua voz ao herói nas animações produzidas pela Briquet Filmes. Ele era o maior inimigo dos vilões da boca, como o Zé Cariado, o Bafo-Bafo e o Gargantão. Nos filmes publicitários, Bond Boca usava o produto para eliminar todos os germes e bactérias e também para deixar um hálito limpo e fresco. Seu jeito de galã irresistível esteve presente em várias campanhas da marca entre as décadas de 1980 e 1990. Mais recentemente, Bond Boca adquiriu um ar menos formal, deixando o *summer* com lenço e a gravata borboleta no closet para ingressar no universo da saudabilidade corporal.

Boneco de Neve

Marca: Frigidaire
Data: anos 1960
O boneco de neve acompanhava as geladeiras da marca Frigidaire.

Brasilino

Marca: Fábrica de Móveis Brasil
Data: anos 1970
País de origem: Brasil

O menino de uniforme amarelo e capa azul, meio gente meio super-herói foi a identidade da marca de varejo Fábrica de Móveis Brasil durante muitos anos. Com nome derivado do nome da marca e vestido com as cores do país, a mascote foi responsável pelos vínculos afetivos da marca até seu fechamento nos anos 1990. A personagem resistiu bravamente em um edifício na Rua Teodoro Sampaio, em São Paulo, até sua eliminação decorrente da lei Cidade Limpa, em 2007.

Brejeirinhos

Marca: Arroz Brejeiro
Criação: Guy Boris Lebrun, desenhista francês
Data: anos 1960
País de origem: Brasil

Os Brejeirinhos formavam uma família: Arroz Longo, o menininho e a menininha. A outra mascote era o Perna de Pau que encarnava um marinheiro vilão (arroz quebrado).

Bubba, o gato

Marca: Bubbaloo
Data: 1987
País de origem: Inglaterra

O famoso porta-voz do chiclete Bubbaloo, conhecido como "Bubba, The Cat", foi criado em 1987 com o objetivo de se aproximar do público infantil. A personagem, um carismático gato de óculos escuro e gravata, apareceu, pela primeira vez, em um filme publicitário para televisão na Inglaterra, em 1988. De lá pra cá a personagem se tornou uma verdadeira "celebridade" entre os consumidores. Em 2004, The Cat passou por uma remodelação gráfica, ganhando uma identidade mais contemporânea.

Cabloco e Sinhá Moça, a Gatinha

Marcas: Café Caboclo e Açúcar União
Data: anos 1970
País de origem: Brasil

As personagens Caboclo e Sinhá Moça protagonizaram campanhas promocionais das marcas Café Caboclo e Açúcar União nos anos 1970, tornam-se naquele momento, expressões identitárias das marcas.

Cachorro da Cofap

Marca: Cofap
Criação: W/Brasil
Data: 1989
País de origem: Brasil

Com o negócio de amortecedores estabilizado no mercado brasileiro, a Cofap decidiu que era hora de fazer com que o consumidor final também conhecesse sua marca e para isso contratou a agência de publicidade W/Brasil. A ideia era fazer algo inovador, uma vez que as propagandas de autopeças eram sempre trágicas, com imagens dos componentes falhando e carros acidentados. A agência então resolveu seguir uma tendência que já era internacional: utilizar animais em propagandas. Por ser "esticadinho" como um amortecedor, os criativos da agência escolheram como garoto propaganda da Cofap um cão da raça Dachshund (criada para caçar animais que vivem em buracos, como texugos e marmotas), e popularmente conhecida no Brasil como "linguicinha" ou "salsicha". Associaram a confiabilidade canina ao produto com o slogan "o melhor amigo do carro é do dono do carro" e ainda colocaram uma dose de bom humor nas propagandas. O simpático cãozinho, que fez as primeiras propagandas da marca e que chamava Rodolfo Cebolinha, podia ser visto de capacete, na propaganda, fazendo manobras audaciosas com um carrinho pelas curvas de um parque. Cofapinho, como ficou conhecida a mascote, se transformou em um dos maiores fenômenos da propaganda brasileira, fazendo com que o consumidor comum, geralmente desinteressado por autopeças, acabasse conhecendo a marca Cofap como sinônimo de amortecedores. O vínculo entre personagem e marca foi tão forte que não era incomum encontrar nos classificados dos jornais "vende-se filhote de cachorro Cofap", no melhor exemplo de transformação da marca em sinônimo de categoria, no caso, em raça.

Casal Gasolino

Marca: Esso
Criação: designer Günnar Dalin (o gotinha), Roland Tompakow, diretor de arte da McCann no Brasil (o casal gotinha)
Data: anos 1940 (gotinha), anos 1960 (casal)
País de origem: Suécia

Em 1950 os brasileiros conheceram na televisão o desenho animado que já fazia sucesso em vários países do mundo: "Esso Gubben", personagem representada por uma gota de gasolina. A personagem foi criação do designer sueco Günnar Dalin, na verdade um aperfeiçoamento da personagem apelidada de "Esso-Manden" (um boneco gorducho, risonho, com a cabeça imitando uma gota), desenhado durante a Segunda Guerra Mundial pelo dinamarquês Vilhelm Hansen, e utilizada na época para a ingrata função de desestimular a venda de gasolina, em virtude do racionamento que o mundo vivia. A empatia com o consumidor levou a personagem a correr o mundo, assimilando em cada país as suas próprias características: um par de esquis na Noruega, um suéter na Suíça ou um albornoz na Tunísia, entre outras incorporações cênicas. Quando chega ao Brasil, sua silhueta estava mais para o "Esso Peet" (nome escolhido em concurso realizado pela Standard Oil junto aos funcionários), que nos Estados Unidos tinha a função de ser o elo entre a empresa e os funcionários para ações de endomarketing. A agência brasileira da McCann, decidiu transformar o gotinha da Esso no *Casal Gasolino*. O casal estreou em anúncio da revista *Essograma*. Os franceses seriam os primeiros a adotar o casal, adicionando à versão feminina uma fitinha no cabelo. Os colombianos, mais afoitos ou talvez mais conservadores, transformavam o romance em matrimônio. As gotinhas simpáticas, além dos anúncios e animações para TV, viraram também peças promocionais, os bonecos e os chaveiros eram e são colecionados ainda hoje. O casal tornou-se famoso no Brasil, pois aparecia nos intervalos do jornal "Repórter Esso" e acabou por ajudar a empresa a conquistar a liderança da marca Esso no mercado brasileiro.

Chester Cheetah

Marca: Cheetos
Data: 1948 (EUA) 1976 (Brasil)
País de origem: Estados Unidos

Em 1986 surgiu Chester Chetah, um antropomórfico desenho de um guepardo (em inglês de *cheetah*) com óculos escuros, que era o porta-voz oficial do produto, ganhando grande notoriedade nos anúncios de televisão e impressos com o slogan "It's not easy being cheesy". A personagem aparecia em comerciais de televisão sempre fazendo loucuras para conseguir comer os salgadinhos Cheetos dos outros. Nesse momento, ele se torna quase irracional, seus olhos saltam, seu coração dispara, ele é capaz de atingir velocidades alucinantes, de passar por obstáculos intransponíveis para ter o prazer de comer Cheetos. Em meados dos anos 1990, dois videogames criados pela empresa Kaneko foram inspirados pelo personagem: Chester Cheetah: *Too cool to fool* e *Chester Cheetah: Wild wild quest*. Esses jogos foram o primeiro contato do personagem com o público brasileiro, que o desconhecia até então, pois o produto era divulgado pelos ratinhos da *Queijolândia* até 1994, quando então foi substituído pelo Chester Cheetah.

Chip

Marca: Bradesco Internet Banking
Criação: produtora 3D e agência Publicis Salles Norton
Data: 2002
País de origem: Brasil

Em primeiro de agosto de 2002, o Bradesco lançou a campanha com a personagem Chip. Criada nos EUA, a partir de modernas técnicas que juntavam animação e computação gráfica, a nova personagem buscava associar a ideia de simplicidade ao Bradesco Internet Banking, estimulando o uso dos serviços pelos clientes e não clientes do banco. O tímido, inteligente e simples ratinho passou a integrar a propaganda do Bradesco Internet Banking, com várias missões: criar uma interface amigável entre "cliente e máquina", apresentar dicas de produtos e serviços disponíveis, gerar continuidade na utilização dos serviços, apresentar as funcionalidades da Internet para os novos entrantes e desmistificar sua utilização, principalmente no que tange à segurança das transações. Segundo Athaíde Teruel, diretor do banco, o pequeno animal auxiliaria no combate ao "tecnostress".

Coelho Duracell

Marca: Duracell
Data: 1974
Origem: Europa

A imagem do coelho das pilhas de longa duração está dividida entre as marcas Duracell e Energizer. Uma disputa judicial obrigou as empresas a uma separação de mercados: nos Estados Unidos o coelho é usado pela Energizer, que foi a primeira a utilizar sua imagem no país. No mercado Europeu, ocorreu o contrário, sendo a imagem da mascote atribuída a Duracell. Há referências de que o coelho da Energizer foi introduzido no mercado em 1989, enquanto o da Duracell já estrelava comercias europeus desde 1974. O coelho rosado foi escolhido pela marca para representar a longa duração de suas pilhas em comercial de televisão onde participava de uma competição com outros coelhos que tocavam bumbo. O final do comercial era óbvio: o coelho da Duracell era o único que não parava de tocar.

Coelho Energizer

Marca: Energizer
Criação: DDB de Chicago
Data: 1989
País de origem: Estados Unidos

Desde sua primeira aparição em um comercial de televisão em 1989, o coelhinho cor-de-rosa das pilhas e baterias Energizer, conhecido como Energizer Bunny, apareceu em mais de 150 filmes publicitários de televisão, sendo visto por milhões de pessoas ao redor do mundo. Com uma energia que parece não ter fim, o coelho é considerado por muitos profissionais de marketing como uma mascote genial. Isso porque é o exemplo real do principal benefício do produto (pilhas de longa duração), demonstrado de forma direta. A opção por um coelhinho deve-se ao fato de ser um brinquedo, o que dá vida a um ambiente que normalmente é bastante técnico e racionalizante. O coelho de cor rosa transformou-se em símbolo de longevidade, perseverança e determinação. Juntamente com sua inseparável *tagline* "Keeps going... and going... and going", é apontado entre os dez melhores ícones publicitários da história norte-americana.

Dino

Marca: Danoninho, Danone
Data: 1990
País de origem: França

Danoninho ficou extremamente conhecido no Brasil depois da campanha publicitária com o slogan "Danoninho vale por um bifinho...", de grande notoriedade, assim como o famoso jingle, criado em 1988, por José Mário e Luiz Orchestra, que parodiava o famoso *Bif*, sequência de notas musicais no piano.

Dollynho

Marca: Dolly
Data: ano 2000
País de origem: Brasil

Dolly é uma marca de refrigerantes brasileira, criada nos anos 1980. A personagem Dollynho, uma antropomorfização da própria embalagem dos refrigerantes, surge nos anos 2000. Passou a integrar as comunicações da marca e, atualmente, tem site próprio, www.dollynho.com.br, onde crianças e adultos podem navegar e imergir na cidade Dollynho com acesso a brincadeiras, desenhos para colorir, vídeos etc. E também perfil no Orkut.

Espantalho Fandangos

Marca: Fandangos (Elma Chips/Pepsico)
Data: 1983
País de origem: Brasil

O espantalho Fandangos cuida das plantações de milho (ingrediente principal do produto). Marca genuinamente brasileira.

Esquilo Zaffari

Marca: Supermercados Zaffari
País de origem: Brasil

A Cia. Zaffari começa sua história no interior do Rio Grande do Sul, como armazém de alimentos. De acordo com a empresa, o esquilo materializa os valores da marca traduzindo o espírito organizado e a preocupação com a qualidade (selecionam sempre os melhores alimentos da natureza para se alimentar). Mais recentemente o Esquilo ganhou a companhia da Esquilete Zaffari.

Esquimó da Brastemp

Marca: Brastemp
Data: 1963
País de origem: Brasil

Foi criada pela Brastemp (Brasil + temperatura) a figura de um esquimó puxando um trenó. O boneco, sempre muito vivaz, vestindo roupas coloridas, apareceu em desenhos animados na televisão, falando vivamente em comerciais de rádio, ilustrando anúncios de revista e informativos internos da Brastemp. A mascote, com várias adaptações importantes, sobreviveu por quase três décadas. Reforçando a ligação entre frio–temperatura–refrigeração, o esquimó acompanhava as assinaturas da marca reafirmando seu papel identitário.

Farturinha

Marca: Cemil
Data: anos 1990
País de origem: Brasil

A vaquinha Farturinha surge em com o objetivo de humanizar a marca Cemil e aproximá-la dos consumidores. Totalmente afetiva, sem marcas bélicas (chifres mais parecem orelhinhas) e bastante urbana (jeans e tênis). Farturinha é responsável pela afetividade construída pela Cemil em toda a sua estratégia de expansão.

Fogofino

Marca: Restaurante America
Data: 1985
País de origem: Brasil

Fogofino é a mascote da rede de restaurantes America, inaugurada em São Paulo em 1985. Fogofino mantém espaço próprio no site www.fogofino.com.br, onde encarna atualmente a promoção "13° Concurso de Desenhos". É o grande responsável pela humanização e ludicidade da marca.

Galinha azul

Marca: Maggi
Criação: Norton Publicidade
Data: anos 1980
País de origem: Brasil

Na década de 1980 o mercado de caldos era disputado pelas marcas Maggi e Knorr. A partir da constatação de que ambas tinham a "galinha" como foco da comunicação, os gestores da Maggi tiveram uma ideia simples e inovadora: criaram a "Galinha Azul", uma galinha nobre, que, além de ser especial (com sangue azul), ainda pudesse proporcionar um excelente pretexto para estimular a lembrança da marca e a formação de vínculos. Foi criada a "Dança da Galinha Azul", veiculada no programa Domingo Legal, do SBT, e um dos maiores sucessos do Carnaval de 1989, quando a Maggi colocou o bloco da Galinha Azul na rua, com trios elétricos exclusivos. O slogan "O caldo nobre da galinha azul", é altamente referencial para os brasileiros.

Gangue Bardahl

Marca: Bardhal
Criação: Produtora americana Miller, Mackay, Hoeck & Hartung. No Brasil, Luiz Brinquet
Data: anos 1950
País de origem: Estados Unidos

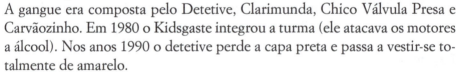

A gangue era composta pelo Detetive, Clarimunda, Chico Válvula Presa e Carvãozinho. Em 1980 o Kidsgaste integrou a turma (ele atacava os motores a álcool). Nos anos 1990 o detetive perde a capa preta e passa a vestir-se totalmente de amarelo.
Inimigos: *Motor Gang* encarnaram os nomes Motor Killer, Crazy Water, Drag Car, Kid Smoke e Bad Oil (a partir dos anos 1990).

Gatinhos da DPZ

"A ideia dos gatinhos como assinatura da DPZ foi estabelecer um conceito de marca. E essa imagem criativa, descontraída e jovem dos gatinhos representa nossa agência. Inicialmente, os gatinhos foram idealizados por Francesc Petit como um exercício pessoal à procura de ícones que se identificassem com alguns produtos. A primeira aparição do Gatinho como marca da DPZ foi como um *pin* para uso na lapela, pelos amantes de nossa agência, e como um adesivo para colar no carro, depois fez-se um *mouse pad*. Depois foram pintados três gatinhos na porta da agência e assim passaram a ser a marca da Duailibi Petit Zaragoza."

Gênio Chamyto

Marca: Chamyto, Chambourcy
Data: anos 1990

A marca Chamyto de produtos lácteos (iogurtes, bebidas fermentadas) encarna as manifestações da marca, estando presente nos filmes publicitários, promoções e embalagens do Chamyto.

Gênio Habib's

Marca: Habib's
Idealizador: Alberto Saraiva
Data: 1996
País de origem: Brasil

O Gênio Habib's surgiu juntamente com a inauguração da rede de restaurantes Habib's, em 1996. A mascote protagoniza a comunicação de toda a rede, imperando na cenografia das lojas, embalagens para os serviços de entrega e todo material promocional. Com forte alusão à magia dos contos (Gênio da Lâmpada e assemelhados) conecta a marca ao universo da fantasia e da satisfação dos desejos. Tradicionalmente conhecida como uma rede de comida árabe não poderia ter melhor mascote que um gênio (das Arábias).

Gigante Amaral

Marca: Amaral
Data: anos 1960
País de origem: Brasil

O Gigante Amaral era encontrado dentro das cestas de Natal Amaral ainda nos anos 1960. A personagem vinha descansando em meio a palha que protegia garrafas, entre as castanhas, nozes e frutas cristalizadas. Com sua fisionomia segura e inabalável ostentava sorriso sarcástico e bigode em duas partes, tipo oriental, usava uma faixa no peito e vestia apenas sunga preta. Essa figura tão diferente do que se podia encontrar no cotidiano exerceu uma magia inexplicável em toda aquela geração que o utilizava como protagonista das mais variadas brincadeiras.

Homem Azul

Marca: Cotonetes da Johnson & Johnson
Criação: Edmar Salles, Lowe Lintas
Data: 1978
País de origem: Brasil

Criado por Edmar Salles, da antiga agência Lowe Lintas, o homem gorducho azul enrolado em uma toalha conquistou a simpatia do público e até hoje ilustra as embalagens do produto Cotonetes da Johnson & Johnson. Surgia em comerciais para a televisão manifestando um mix de graça e timidez contagiante.

Hydrolino

Marca: Deca
Criação: DPZ
Data: 2003
País de origem: Brasil

A Deca alterou a estratégia de comunicação das válvulas Hydra no início dos anos 2000, com o objetivo de fortalecer ainda mais a marca e estreitar a comunicação com os consumidores, arquitetos e designers de interiores. Seu novo garoto propaganda, criado pela DPZ, atende pelo nome de Hydrolino: um rinoceronte com vestuário de encanador. A mascote tornou a comunicação dos produtos mais simpática e humana e facilitou a relação com o seu público-alvo. A princípio, o Hydrolino esteve presente em expositores luminosos em pontos de venda da capital paulista. Depois surgiu nos mais variados locais e mostrou o quanto as válvulas Hydra se diferem dos concorrentes, conceito presente no novo slogan: "Válvula Hydra só tem uma: Hydra".

Joe

Marca: Camel
Criação: Nicholas Price
Data: 1974
País de origem: Inglaterra

A personagem Joe Camel, criada pelo artista inglês Nicholas Price, para uma campanha de publicidade francesa da marca Camel. Somente em 1987, a personagem foi introduzida nos Estados Unidos para comemorar 75 anos de existência da marca. Quatros anos depois, uma pesquisa apontou que Joe Camel era reconhecido por 91% das crianças de 5 e 6 anos, percentual similar ao do Mickey Mouse (1928), e mais popular que Fred Flintstone (1960) e a boneca Barbie (1969). Outras pesquisas mostravam que a participação do cigarro entre consumidores com menos de 18 anos havia saltado de 0,5% para 32,8%. Foi justamente essa popularidade entre as crianças que levou a empresa a retirar a personagem de suas campanhas publicitárias em 10 de julho de 1997, atitude alinhada com o entorno legal no segmento de tabaco em praticamente todos os países.

Jubaton – Batonzinho

Marca: Baton (Garoto)
Criação: Para a internet, a partir de 2003 após pesquisa com crianças, migrou para embalagem e demais expressões da marca
Data: 1998
País de origem: Brasil
Antropomorfização do produto/embalagem do Baton, clássica marca da Chocolates Garoto, presente desde os anos 1980. Foi criada para a internet em 1983, migrou para as embalagens a partir de 2003. (Fonte: Centro de Documentação e Memória Garoto).

Keco

Marca: Kero Coco
Data: 2009
País de origem: Brasil
A embalagens de Kero Coco trazem, além de Keco, outras personagens que integram a "Galera Kero Coco". São seis embalagens colecionáveis, uma com cada integrante da turma: Keco, um menino-coco, que luta contra A Sede, o vilão da história, representado por um cacto que suga toda a água do planeta. Mikoco é um macaco esperto, amigo inseparável de Keco. Cokota é uma menina-coco que luta pela saúde e bem-estar das crianças. Kito é o gênio da turma, que tem solução para todos os problemas; e Cocoleke, o mais novo garoto-coco da turma, que ajuda Keco na luta contra A Sede.

Kinderino

Marca: Kinder Ovo
Criação: idealizado por Michele Ferrero
Data: 1968 (idealização), produzido pela primeira vez em 1972
País de origem: Itália
Kinder em alemão significa *criança*, como a linha de chocolates era voltada para o publico infantil, nada mais adequado e divertido do que um ovo de chocolate.

Leão Bordon

Marca: Bordon
Data: anos 1970

O imponente e nobre leão Bordon (tinha coroa) foi o legítimo representante da empresa de alimentos Bordon durante toda a década de 1970. Atualmente, a marca preserva apenas uma metonímia do leão, a coroa.

LecTrec

Marca: Sadia
Criação: Francesc Petit, DPZ
Data: 1971
País de origem: Brasil
O frango mascote da marca Sadia, criada pelo publicitário Francesc Petit, da agência DPZ, protagonizou a campanha publicitária para a introdução do frango defumado, cuja campanha de lançamento na TV usava o slogan "O frango mais veloz do mundo". A imagem do frango surgiu primeiramente em desenhos animados, em que ele tomava um banho refrescante antes de ir para a mesa do consumidor. Em 1985, o nome da personagem, que usa capacete e óculos de motoqueiro, foi escolhido num concurso aberto aos consumidores e passou a chamar-se LecTrec. Nos anos 1990, a personagem ficou um pouco submetida à imposição reinante do racionalismo característico da década, mas ganhou força a partir do novo milênio. Ao longo dos anos, as linhas básicas do desenho foram ganhando contornos mais rebuscados e proporcionaram à personagem um corpo mais definido e penas de aspecto mais sedoso. Em 2005, a mudança das cores das faixas (antes vermelho e amarelo) de seu capacete para verde e amarelo, re-

metendo a bandeira do Brasil traz nova camada de afetividade. Em 2007, a Sadia lançou uma de suas maiores campanhas de marca e apresentou a nova versão do frango Sadia, agora em 3D. Com o slogan "Sadia. Para uma vida mais gostosa", a campanha refletia os principais valores atribuídos à marca pelo consumidor e tudo o que ela representava no dia a dia de cada um. O frango "contemporâneo" foi produzido pela DPZ em parceria com a Laruccia Animações e Efeitos, empresa de animação especializada no desenvolvimento de personagens, responsável também pelas ilustrações das antigas versões da mascote.

M&M's

Marca: M&M's
Criação: foram criados a partir do slogan "Melt in your Mouth, not in your hand" (O chocolate que derrete na boca, não na sua mão)
Data: 1954, quando foram criados o Vermelho e o Amarelo; 1995, o Azul; 1997, o Verde, primeiro personagem feminino; e em 1999 surge o Laranja (M&M's Crispy).
País de origem: Estados Unidos

As mascotes M&M's apresentam a marca isoladamente e no coletivo. São a própria antropomorfização do produto e encenam a comunicação, as embalagens e ações promocionais desde a origem. Atualmente, têm habitat próprio, megastores da marca espalhadas por vários países.

Menina Nhac

Marca: Claybom
Data: anos 1960
País de origem: Brasil
A menina Nhac das margarinas Claybom Cremoso foi a protagonista das ações da marca em filmes publicitários nos anos 1970 e 1980. Sempre afoita e comilona a menina se satisfazia com grandes bocadas de pão com margarina Claybom. Loira, com sardas no rosto, de vestido vermelho e maria-chiquinhas a menina encarnava a esperteza e a graça da criança.

Meninos Luk

Marca: Luk (embreagens)
Data: anos 1980

A dupla protagonizou as expressões da marca Luk nos anos 1980. Responsável por produtos para indústria automobilística (embreagens e afins), os meninos contribuíam para a humanização da marca.

Minus

Marca: Minuano
Criação: DM9DDB
Data: 2005
País de origem: Brasil

Os Minus foram criados pela DM9DDB e sua equipe de designers e criadores por volta de 2005, juntamente com o sucesso emplacado por outras mascotes que surgiram pós-anos 2000.

Moça

Marca: Leite Moça, Nestlé
Criação: George H. Page
Data: anos 1920
País de origem: Suíça

A jovem com trajes típicos que aparecia nos rótulos das embalagens do produto era uma camponesa suíça do século XIX. Naquela época, o leite condensado mais popular da Suíça tinha a marca La Laitière, que significa "vendedora de leite". Quando esse leite foi exportado para outros países, procurou-se um nome equivalente na língua de cada região para onde o produto foi levado, nome este sempre associado à figura da camponesa típica, com baldes de leite. A ideia da personagem surgiu do próprio George H. Page, criador da marca, juntamente com a Nestlé ainda nos anos 1920. A moça tem protagonizado todas as manifestações da marca Leite Moça e, em 2003, passou por importante atualização incorporando características mais latinas, com volumes e cenografia mais leve, mas sem deixar de lado a tradição "Moça, fazendo maravilhas desde 1921".

Nesquick Bunny

Marca: Nesquik (Nestlé)
Data: 1973
País de origem: Suíça

Em 1973 surgiu a personagem Quicky Bunny, um simpático coelho com um enorme colar azul na forma da letra Q, que foi escolhido para representar a marca e tornar o ato de "beber leite" mais divertido e único para as crianças. A escolha desse nome na língua inglesa ocorreu pela proximidade com o som da palavra "quick", que significa "rápido e veloz", sugerindo tanto a instantaneidade de preparo do produto, quanto as características do coelhinho que é o símbolo da marca. A mascote foi introduzida e apresentada ao público em comerciais de televisão com o popular jingle "It's so rich and thick and chocolick! But you can't drink it slow if it's Quik!". Não demorou muito para a personagem se tornar uma das preferidas das crianças, sendo extremamente popular nos dias de hoje. Em 1989, a Nestlé decidiu, que em prol do desenvolvimento mundial da marca, seria necessário uma abordagem uniforme e consistente e que, como tal, todos os mercados deveriam adotar a personagem como *spokesman* da marca. Nos Estados Unidos a mudança ocorreu em 1999, quando passou a se chamar Nesquik Bunny. A letra Q em seu tradicional colar azul foi trocada pelo N. Em 2005, a marca renovou o visual das embalagens com um coelhinho mais atual e com mais atitude, ampliando a vivacidade e a interação com as crianças.

Ollie

Marca: Twitter
Criação: David Lanham, do Iconfactory
Data: 2006
País de origem: Estados Unidos

O pássaro azul do Twitter materializa uma forte relação de semelhança com o nome da marca, que faz um simulacro do gorjeio de um pássaro. O nome Ollie foi escolhido em meio a uma longa lista de opções. É um nome curto, de boa pregnância, e que pode ser utilizado globalmente, proposta fundamental da marca.

Panco e Tica

Marca: Panco
País de origem: Brasil

O menino Panco e a menina Tica protagonizam as embalagens e as campanhas dos produtos alimentícios das marcas há anos.

Pascoal

Marca: Lacta (Kraft Foods)
Data: anos 1990
País de origem: Brasil

É o coelho da Lacta que protagoniza as ações promocionais, principalmente a Páscoa. Seu nome é derivado desta data festiva e materializa os contos do "coelho da Páscoa" que traz os ovinhos de chocolate. Em algumas campanhas, Pascoal ganha a presença afetiva de Pascoalina, uma coelhinha.

Passarinho, da Zorba

Marca: Zorba
Data: 1965
País de origem: Brasil

Por volta de 1965 foi lançado pela Zorba o passarinho amarelo, sua mascote que permitiu tratar o órgão genital masculino como uma personagem que tem vida e sentimentos próprios. Com forte presença na mídia, a simpática personagem foi responsável por transformar a marca Zorba que havia sido lançada em 1944, em uma das preferidas dos homens brasileiros, transmitindo o conceito de conforto e segurança das cuecas da marca. Em 2000, a marca foi comprada pela multinacional americana Sara Lee. Em 2003, o famoso passarinho, voltou à mídia, depois de uma breve aposentadoria desde o ano de 2000. Em sua versão modernizada, o passarinho apareceu com uma faixa na cabeça em estilo japonês, para enfatizar a tecnologia da nova cueca feita com o fio Tufcel, de fibra importada do Japão.

Pato

Marca: Pato (Ceras Johnson)
Data: anos 1980
O Pato encarna os valores da marca, funcionando como eco de sentido na embalagem e nas comunicações. Com uma linha ampla de produtos para limpeza e higienização, a purificação e a perfumação são seus mais fortes vínculos de sentido. Longe da ludicidade infantil que poderia ser esperada da ave, Pato é forte, esbelto e muito eficiente.

Pinguim

Marca: Cervejaria Pinguim
Data: anos 1930
País de origem: Brasil
Clássica cervejaria da Cidade de Ribeirão Preto, interior de São Paulo, foi fundada em 1936.

Pinguim

Marca: Ponto Frio
Data: anos 1980
País de origem: Brasil
O pinguim foi adotado como parte da identidade visual da marca Ponto Frio por Alfredo Monteverde e por Maria Consuelo, sua primeira funcionária. A partir de então, a rede iniciou um forte processo de expansão para a capital, Brasília, e para os estados de Goiás e Minas Gerais e o pinguim caminhou junto. Somente a partir de 1992 a rede ingressou fortemente no Estado de São Paulo e na Região Sul do país. Na busca de novas possibilidades de venda, criou um canal de vendas por telefone – TeleVendas – e lançou seu site (www.PontoFrio.com) na internet em 1996, inicialmente para consultas sobre os produtos comercializados e informações corporativas, que se tornou um forte canal de vendas on-line a partir de 1997. Recentemente, a personagem sofreu nova intervenção gráfica ganhando mais volume e vivacidade, deixando de ser um símbolo gráfico rumando ao universo sígnico da mascote.

Pinguim

Marca: Revista Piauí
Criação: Angeli
Data: 2006
País de origem: Brasil

Segundo os gestores da revista a mascote não tem significado específico. "Encomendamos a primeira capa (outubro/2006) para o Angeli, ele nos deu algumas opções, e essa foi a que mais gostamos. Como o pinguim fez sucesso, virou uma mascote nossa, e criamos a tradição de sempre dar uma capa do Angeli na edição de aniversário, e sempre com o pinguim com a boina do Che."

Poupançudos

Marca: Caixa Econômica Federal
Criação: Fischer + Fala! Para as campanhas da poupança da Caixa
Data: 2006
País de origem: Brasil

A "turma" é composta por oito monstros coloridos que eram distribuídos aos poupadores da Caixa. As mascotes são materializadas em forma de cofrinho, tradicional referência à poupança.

Rato da *Folha*

Marca: *Folha de S.Paulo*
Criação: Tommas Edger
Data: 1997
País de origem: Brasil

O rato da *Folha de S.Paulo* foi criado, em 1997, por Tommas Edger, que imortalizou seus classificados e se transformou num dos personagens mais populares vinculado à mídia impressa. O rato que pronunciava repetidas vez o número do telefone da sessão Classificados do jornal, encarnou várias campanhas publicitárias criadas pela W/Brasil, sendo "O ano do Rato" uma das mais conhecidas.

RC Guarda da Atma

Marca: Brinquedos Atma
Data: anos 1960
País de origem: Brasil

A marca de brinquedos Atma povoou a vida e o imaginário das crianças brasileiras nos anos 1960 e 1970. Atma em sânscrito significa alma ou sopro vital e, nesse sentido, vincula-se ao mais elevado princípio humano. O guardinha RC era a manifestação da marca Atma responsável pelas campanhas promocionais em parques infantis como o Playcenter e outros. Sempre de prontidão, RC observava atentamente as brincadeiras e reforçava o sonoro slogan "A Atma é ótima!".

Ronald McDonald's

Marca: McDonald's
Criação: inspirado no palhaço Pogo, criado por Jonh Wayne Gacy
Data: anos 1960
País de origem: Estados Unidos

Em 1971 Ronald McDonalds ganhou uma turma: *Hamburglar, Grimace, Mayor McCheese, Captain Crook, Professor* e *Birdie* (em 1980). No Brasil, são conhecidos como Birdie, Shaky, e Papaburguer.

RoBBBzinho

Marca: BBB (Rede Globo)
Data: 2008
País de origem: Brasil

Personagem criado a partir do protagonismo que as câmeras assumiram diante do imenso sucesso dos *reality shows* no Brasil, RoBBBzinho que é uma antropomorfização de câmera (com suporte de chão) e um simulacro de robô que representa o universo de sentido do programa Big Brother Brasil (BBB), com seu olho hiperbólico.

Solzinho

Marca: Ri Happy
Data: 1990
País de origem: Brasil

O Solzinho, personagem principal das histórias, foi inspirado no nome e no símbolo da marca. Devido ao sucesso, ganhou vida própria e pode ser visto interagindo nas lojas com os clientes adultos e crianças, além de ter sido criada uma linha de produtos com sua imagem. O solzinho foi criado no final dos anos 1990 e conta com o amigo inseparável Camaleão e uma turminha de amigos que protagonizam história e diversos jogos no Clube do Solzinho com site próprio www.solzinho.com.br.

Sondinha

Marca: Supermercados Sonda
Data: 1970
País de origem: Brasil

A Sondinha é a mascote da marca dos Supermercados Sonda, rede de origem gaúcha (Erechin), desde 1970. Em 2005 foram feitas alterações na identidade visual da marca Sonda, que compreenderam mudanças pontuais na grafia, nas cores e, principalmente, na Sondinha. A boneca foi realinhada agora com traço "pixar", representante de uma nova linguagem de quadrinhos e *cartoons* o que reforçou o caminho da contemporaneidade da marca ampliando a vitalidade da mascote. Em outubro de 2007 foi lançada a primeira edição do gibi *Turma da Sondinha – Quadrinhos e atividades*. Além da Sondinha, outras sete personagens participam das histórias.

Super 15

Marca: Telefônica
Criação: DM9DDB
Data: 2002
País de origem: Espanha/Brasil

O Super 15 é um super-herói criado para caracterizar os serviços de longa distância e auxiliar na construção da imagem da empresa espanhola no Brasil. Criado pela agência de publicidade DM9DDB, a personagem era vista nos parques e avenidas de São Paulo, especialmente nos finais de semana, 15 patinadores, 15 ciclistas e equipes de rappel (alpinistas), trajados como o herói circulavam auxiliando na divulgação da marca. Seul slogan "Super 15, o herói do seu bolso".

Super H_2O

Marca: Sabesp
Data: anos 2000
País de origem: Brasil

O Super H_2O é simplesmente apaixonado pela água, é assim que a personagem é apresentada no site da Sabesp. Filho de um biólogo marinho e de uma professora de ciências, ele aprendeu desde cedo a importância da água em nosso planeta. Sua missão é salvar a Terra da falta de água e ensinar a população a usá-la de forma inteligente. O posicionamento da personagem é o de herói de plantão e para isso conta com superpoderes para estar sempre pronto para todas as emergências aquáticas. O H_2O tem também uma turminha que lhe ajuda (ou atrapalha) nas missões aquáticas, são eles, o Gotulho, a Gota Borralheira, o Dr. Cascão, o Ratantan entre outros.

Tigre da Esso

Marca: Esso
Data: 1900
País de origem: Noruega

O Tigre da marca Esso surgiu por volta de 1900, na Noruega, onde era estampado nos galões de Benzin Gasoline. Em meados da década de 1930, a personagem símbolo da marca apareceu em anúncios impressos na Inglaterra. Somente em 1953, depois dos turbulentos anos de guerras mundiais, a personagem reapareceu na mídia, durante a acirrada batalha pela disputa do mercado de gasolina. Foi em 1959 que o tigre se tornaria extremamente famoso, fazendo parte da campanha publicitária da marca, acompanhada pelo slogan "Put a Tiger in Your Tank" ("Coloque um Tigre no seu tanque"). Foi nesta campanha, que pela primeira vez, a personagem Tigre foi transformada em desenho animado, ganhando importante vitalidade. Deste momento em diante, o tigre ganhou o mundo, sendo estampado em tudo que levasse a marca Esso, tornando-se assim identidade da marca. Em 1975, o primeiro comercial de televisão utilizando um tigre de verdade foi lançado na Inglaterra. (Fonte: Blog Mundo das Marcas)

Toddynho

Marca: Toddy (Pepsico)
Criação: a partir de um concurso promocional com crianças
Data: anos 1980
País de origem: Brasil

Em 1981 a Toddy foi vendida para a americana Quaker Oats (grupo Pepsico), que introduziu no ano seguinte o Toddynho, o primeiro leite flavorizado sabor chocolate do Brasil, em embalagem Tetra Brik. Pronto para beber, logo se transformou em sucesso absoluto junto ao público infantil. Para as crianças, o produto é conhecido pelo sabor característico de chocolate, pela forma divertida de tomar o "leitinho" e pelo amigo imaginário que as levam para um mundo de aventuras e brincadeiras. A personagem Toddynho, uma antropomorfização da embalagem surge nos anos 1980.

Tony

Marca: Sucrilhos, Kellogg's
Criação: agência Leo Burnett
Data: 1952
País de origem: Estados Unidos

Tony já teve um tigre filhote, Tony Jr; mãe, mama Tiger; esposa, senhora Tony, e filha, Antoinette, nascida em 1974, ano chinês do tigre. Até hoje presente nas embalagens de Sucrilhos é muitas vezes representado de forma metonímica, com ênfase para partes do corpo e patas. Slogan: "Desperte o Tigre em você!". A Kellogg's possui ainda o tucano Sam, criado 1963. Posteriormente, o Galo Cornelius foi escolhido para protagonizar a Corn Flakes. A marca Sugar Smack ganhou o Sapo Dig como mascote, além de outros que tiveram "vida" mais breve.

Tortuguita

Marca: Tortuguita, Arcor
País de origem: Argentina

A tartaruga Tortuguita é a protagonista dos chocolates da Arcor. Com atitudes irreverentes e "sem perder a piada", a mascote manifesta a sagacidade própria do universo infantil e adolescente. Fugindo do estereótipo de lentidão, Tortuguita é sempre muito sagaz. É utilizada em várias expressões da marca como filmes publicitários, materiais de PDV, displays e embalagens.

Traki

Marca: Trakinas (Kraft Foods)
Data: 2000

O Traki protagonizou as embalagens e as campanhas publicitárias da marca de biscoito Trakinas, imortalizado pelo slogan "o biscoito que é a sua cara".

Três Corações

Marca: Café Três Corações
Data: ano 2000
País de origem: Brasil

A antropomorfização da embalagem do Café Três Corações cenografa as comunicações publicitárias da marca trazendo alta afetividade.

Tucano

Marca: Varig
Criação: Francesc Petit, DPZ
Data: anos 1960
País de origem: Brasil

A Varig apresentou ao longo dos anos 1960 uma personagem que fez história na propaganda brasileira, um tucano com chapéu, óculos e vara de pescar que apresentava ao mundo um Brasil pitoresco e, de certo modo, exótico. O tucano, idealizado pelo catalão Francesc Petit, é o único personagem de marca estrangeiro que figura no livro *What a Character!* (Dotz e Morton, 1996). Além de seus trajes de turista, o tucano simbolizava as belezas naturais de um país tropical, ao mesmo tempo que transmitia o prazer de voar e seu enorme bico criava uma analogia com a aerodinâmica dos aviões da Varig.

Unimons

Marca: Unibanco
Criação: F/Nazca e produção da Lobo e Vetor Zero
Data: 2006
País de origem: Brasil

Em 2006, juntamente com a apresentação de sua nova marca e identidade visual, surge o slogan, "Unibanco.

Nem parece banco", e as mascotes Unimons. Cada uma delas representava um dos produtos que o Unibanco oferecia. Os Unimons ou unimascotes atuaram na maioria dos filmes da marca, sempre em situações bem humoradas contracenando com personagens humanos. Com a incorporação do Unibanco pelo Banco Itaú (concluída em 2010) chega ao fim, pelo menos por hora, a encenação publicitária dos Unimons.

Vaca Milka

Marca: Milka (Kraft Foods)
Data: anos 1980
Presente na embalagem dos chocolates Milka e em toda a comunicação da marca, a vaca roxa/lilás é altamente identitária. Faz uso da conexão entre chocolate ao leite e a vaca circunscrevendo à marca ao universo de sentido do natural e, indiretamente, da qualidade.

Vaquinha Mococa

Marca: Mococa
Criação: Guy Boris Lebrun, desenhista francês
Data: 1919
País de origem: Brasil

A ideia inicial foi de dois irmãos fazendeiros que tinham um destacado talento para produzir uma manteiga de muita qualidade e queriam um símbolo que traduzisse de forma simples a essência da marca, que se perpetua até hoje. O desenhista francês Guy Boris, foi o designer que traduziu a ideia dos irmãos e materializou a vaquinha.

Variguinho

Marca: Varig
Criação: Luiz Brinquet
Data: anos 1980
País de origem: Brasil

Variguinho era a mascote da Varig, um aviãozinho rechonchudo, antropomorfizado criado nos anos 1980. Durante anos participou de filmes publicitários com paisagens diferentes, representando cada capital brasileira. Ruy Perrotti deu vida ao Variguinho na revistinha de mesmo nome.

Vivinho

Marca: Vivo
Criação: Wolff Ollis
Data: 2004
País de origem: Brasil

A marca Vivo foi lançada em 2004 já com a presença do Vivinho como parte constitutiva da marca. Sua proposta era a de oferecer produtos e serviços de comunicação móvel, trazendo inovações e vantagens para tornar o dia a dia de seus clientes mais fácil e divertido. A marca Vivo, como o próprio nome diz, representa vida, energia, alegria e uma atitude positiva. É representada por um boneco semitransparente sem expressão facial, com variação nas cores azul, verde, vermelho, laranja e púrpura, cada uma indicando uma das empresas da fusão que deu origem à Vivo; traduz a postura convidativa e os valores da marca: proximidade, transparência, simplicidade, brasilidade e acessibilidade. Seu dinamismo e seu aspecto visual – com diversas cores e posições – representam a diversidade da comunidade de clientes Vivo. A personagem que reitera a presença "física" das letras "v" e também o "i" (corpo) e "o" (a cabeça), consegue de forma simples e universal manifestar toda a potência sígnica da mobilidade com muita humanização.

PERSONAGENS PROMOCIONAIS

Elefante Cica, Jotalhão

Marca: Cica
Criação: Maurício de Souza
Data: 1962
País de origem: Brasil

A marca de extrato de tomate Elefante, introduzida no mercado em 1941, e um dos itens de maior prestígio e de vendas no portfólio da Cica, tem sua origem no gosto de Rodolfo "Rudi" Bonfiglioli, filho de um dos fundadores da empresa, por caçadas de elefantes. Já o elefante verde que aparece na decoração das latinhas, o personagem Jotalhão, de Maurício de Souza, foi criado em 1962 para uma campanha publicitária – que não foi adiante – do *Jornal do Brasil*, conhecido como JB, que tinha aquele animal como símbolo de seu caderno de anúncios classificados. Oferecido então à Cica, foi adotado em 1979, dentro de um processo de modernização do design e da estratégia de comunicação da empresa. O Jotalhão substituiu o desenho realista de um elefante, animal que, aliás, integrava a logomarca da Cica. Começou então um grande trabalho de alicerçar o personagem, transformá-lo num simpático símbolo da empresa, naqueles tempos, ao lado da Mônica. Atualmente, a marca Cica pertence a Knorr de propriedade da Unilever.

Limão da Pepsi

Marca: Pepsi Twist
Criação: Almap BBDO
Data: 2001
País de origem: Brasil

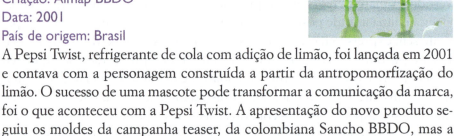

A Pepsi Twist, refrigerante de cola com adição de limão, foi lançada em 2001 e contava com a personagem construída a partir da antropomorfização do limão. O sucesso de uma mascote pode transformar a comunicação da marca, foi o que aconteceu com a Pepsi Twist. A apresentação do novo produto seguiu os moldes da campanha teaser, da colombiana Sancho BBDO, mas a Almap resolveu explorá-la e deu mais personalidade a ela. Agora, de maneira mais direta e descontraída a Pepsi Twist era representada por seus novos mascotes os Limõezinhos.

Mamíferos da Parmalat

Marca: Parmalat
Criação: DM9
Data: 1997
País de origem: Brasil

Na década de 1990, apesar do sucesso da Parmalat entre as mulheres adultas, a marca não tinha muita identidade junto ao consumidor infantil e adolescente. Foi então que a agência de publicidade DM9 criou, em 1997, a campanha "Mamíferos", com lindas crianças vestidas de mamíferos, que rapidamente se tornou uma mania nacional.

Pãozinho e Suquinha

Marca: Pão de Açúcar
Data: anos 1990
País de origem: Brasil

Pãozinho e Suquinha foram lançados promocionalmente pelos Supermercados Pão de Açúcar nos anos 1990. Contavam ainda com outras personagens como a Bainana, Abobrin, ZéMio, Cebolha e o Alhito que integravam a turma Pão de Açúcar Kids.

Toy Art Nestlé

Marca: Nestlé
Data: anos 2000
País de origem: Brasil

Por meio de uma campanha promocional encarnada por Toy Art a Nestlé promoveu várias de suas marcas no país, suscitando a afetividade das coleções.

Turma Prev Jovem Bradesco

Marca: Bradesco
Criação: Neogama BBH
País de origem: Brasil

No dia 12 de outubro, a *Neogama BBH* elaborou ampla campanha para Prev Jovem Bradesco, plano de previdência privada da Bradesco Seguros para o público infantil e adolescente. A Turminha Prev Jovem, que já participou de outros esforços de comunicação do serviço, foi reformulada, ganhando um aspecto tridimensional e mais moderno. Duas crianças e dois adolescentes integram a turma: Laila, Kiko, Tati e Alex Teddy. No comercial de 30 segundos, produzido em animação, cada uma das personagens entra na loja Bradesco Prev Jovem e pega nas prateleiras diversas versões da palavra "futuro", uma brilhante, outra rosa e outra azul. A criação foi de Cláudia Issa, Patrícia Leme e Denis Kakazo.

Urso da Coca

Marca: Coca-Cola
Criação: McCan
Data: 1993

Em 1993, os "Ursos Polares" apareceram na propaganda do produto pela primeira vez nos EUA. Eles faziam parte da campanha "Always Coca-Cola"

(1993 a 2000) e estrelaram o primeiro comercial, chamado "Northern Lights", onde assistiam ao filme *Aurora Boreal* e se deleitavam ao beber Coca--Cola . São animais bastante afetivos (sem exploração bélica), de cor absolutamente integrada às expressões cromáticas da marca e com grande trânsito cultural. Estão muito bem integrados às estratégias promocionais da Coca--Cola despertando a sensação de adesão e colecionismo.

Fontes pesquisadas para a construção do Mascotário
Sites das marcas mencionadas no Brasil e no exterior, sites das agências de propaganda, contatos com os Sac das empresas (Pepsico, Nestlé, Dolly, Kraft etc.), blog Mundo das Marcas, site Blue Bus, site São Paulo Minha Cidade, Centro de Documentação e Memória Garoto, Wikipedia, site da Interbrand, referências bibliográficas utilizadas na pesquisa, além de entrevistas realizadas com criativos e gestores de marcas e contribuições de professores, alunos e amigos.

Créditos das imagens

Capítulo 1 p. 11 Rodolfo Chiklicuatre (www.flickr.com/photos/vedia/2334209484/). p. 35 Quem quer ser Naomi (foto: Bruno Pompeu Marques Filho). p. 39 Carlos Moreno: W/Brasil. Campanha Bichinhos do Sonhos (http://renantubeda.files.wordpress.com/2010/08/bauducco_bichinhos.jpg). **Capítulo 2** p. 42 Gato da sorte (http://www.myluckyneko.com/images/630.jpg). p. 45 Boneca Sonda (foto: Janiene Santos Silva). p. 46 Murakami (http://bitstoys.bitsmag.com.br/), LecTrec (DPZ). p. 49 Arcimboldo (http://pt.wikipedia.org/wiki/Ficheiro:Arcimboldovertemnus.jpeg). p. 50 Poupançudos (http://br.olhares.com/poupancudos_3_foto1487248.html). p. 51 Bem 10 (http://www.querocolorir.com.br/papel-de-parede/ben10.php). p. 53 Gênio da Chamyto (foto: Fábio Gonçalves). p. 55 Bibendum (http://www.bobkestrut. com/2006/03/). p. 61 Quinas – Euro 2004 (http://www.leoferreira.net/img/maskot_ euro2004.gif). p. 62 Frango Sadia (ex-LecTrec) (DPZ)http://www.sadia.com.br/sobre-a-sadia/mascote-sadia.jsp.

Capítulo 3 p. 68 Bisnaguito – Pullman (Bimbo do Brasil Ltda.). p. 69 Bibendum Poster (http://pt.wikipedia.org/wiki/Ficheiro: Michelin_Poster_1898.jpg),Ana Maria – Pullman (Bimbo do Brasil Ltda.), Biscoitos Osito Lulu (foto: Clotilde Perez). p. 70 Brasilino (foto: Fábio Gonçalves, Elefantinho da Shell (foto: Fábio Gonçalves). p. 71 Jotalhão, Cica (http://www.inglesnosupermercado.com.br/wp-content/uploads/2009/04/cartaz-extrato-de-tomate-elefante-cica-e-mascote-jotalhao.jpg). p. 72 Minus (Minuano) (www.magiadosminus.com.br/... Wall_paper_08.jpg). p. 77 Ronald McDonald's (http://4.bp.blogspot.com/_Gx9PhYtjns/SkbeLVji1xI/AAAAAAAAE8/qfLKm4EjUcs/s1600/ronald_mcdonald_jumping.jpg).

Capítulo 4 p. 83 L'Oreal – Penelope Cruz (http://www.celebrityendorsementads. com/celebrity-endorsements). Nespresso – G. Clooney (http://popsop.com/wp-content/uploads/armchair2.jpg). p. 85 Betty Crocker (www.segura-inc.com/.../530/betty-crocker.jpg). Carlos Moreno: W/Brasil. p. 86 Chacrinha (blogs.estadao.com.br/.../2008/07/chacrinha.jpg). Rodolfo Chikiliacuatre (www.flickr.com/photos/vedia/ 2334209484/). p. 87 Leite Moça (http://www.nestle.com.br/site/marcas/moca/leites_condensados/tradicional_latinha.aspx). Menino e menina Panco (foto: Janiene Santos Silva). p. 88 Soldadinho Atma (foto: Fábio Gonçalves), Carmencita (Proaliment Jesus Navarro, Ltd.), Casa do Pão de Queijo (CPQ Brasil Ltda.), Quaker (Pepsico do Brasil Ltda.). p. 89 Mate Leão (Leão Jr.). p. 90 Ronald McDonald's (http://www.kachusims.net/viewtopic.php?f=56&t=30114&start=150), Chamyto – Danone (www.chamyto.com.br). p. 91 Green Giant (http://kshocklart321.wordpress.com/ 2008/08/26/weekend-revelation/), Geox (sdsandwiches.com/mg-cover.jpg), Super 15 – Telefônica (foto: Fábio Gonçalves). p. 93 Coelho da Fonseca (foto: Clotilde Perez), Rato da *Folha* (foto: Fábio Gonçalves). p. 94 Lectrec – Sadia (foto: Fábio Gonçalves), Farturinha – Cemil (fornecido por Depto. de Marketing, Jarbas Menezes). Pascoal – Lacta (4.bp.blogspot.com/.../Pascoal2_1024x768.JPG). p. 95 Castor Brasilit (Saint-Gobain do Brasil). p. 96 Bardhal (Arquivo Fotográfico Centro de Memória Promax Bardahl), Sujismundo (Ruy Perotti Barbosa), Menina Nhac, Claybom (http://www.vassourando. com/2010/06/propagandas-antigas-menininha-nhacda.html). p. 97 Arroz Tio João (http://www.josapar.com.br/campanhas-de-comunicacao), Homem Azul – CotonetesJohnsons & Johnsons (foto: Fábio Gonçalves). Phoskitos (http://www.indeep.es/illustration/phoskitos-mascota/), Toddynho (http:// g1.globo.com/Noticias/Economia_Negocios/). p. 98 Café Três Corações (macios.wordpress. com/Page/2/), Refrigerante Dolly (foto: Fábio Gonçalves), Vueling (http://farm1.static.flickr. com/215/461300944_d5 aebcad4e.jpg), Ri Happy (www.rihappy.com.br). p. 99 El Niño (http:// www.elnino-sweetwear.es/), Zé Gotinha (Agnelo Pacheco). Unibanco (F/Nazca). p. 100 Mr. Peanuts http://en.wikipedia.org/wiki/File:Mr_peanut.png), Naranjito – Espanha 1982 (http://www. rosa10.com/detalhe.php? id=15056). p. 101Action Kids (Johnson & Johnson), Sabonete Snoopy (Baruel) e Fraldas Turma da Mônica (Huggies) (foto: Fábio Gonçalves).

Mascotário de marca. p. 111 Ana Maria – Pullman (Bimbo do Brasil Ltda.) p. 115 Brasilino (foto: Fábio Gonçalves). p. 117 Gitinha Shell (foto: Fábio Gonçalves). p. 118 Chip – Bradesco (foto: Fábio Gonçalves). p. 120 Refrigerante Dollynho (foto: Fábio Gonçalves). p. 121 Farturinha – Cemil (fornecido por Depto. de Marketing, Jarbas Menezes). p. 122 Bardhal (Arquivo Fotográfico Centro de Memória Promax Bardahl). p. 123 Chamyto – Danone (www.chamyto.com.br). p. 124 Homem Azul – CotonetesJohnsons & Johnsons (foto: Fábio Gonçalves). p. 125 Jubaton – Batonzinho (BRGVVCDMCentrodeDocumentaoeMemria@ br.nestle.com). p. 126 LecTrec (foto: Fábio Gonçalves). p. 127 M&M's (foto: Clotilde Perez), Menina Nhac, Claybom (http://www.vassourando.com/2010/06/propagandas-antigas-menininha-nhac-da.html). p. 128 Minus (Minuano) (www.magiadosminus.com.br/...Wall_paper_08.jpg). p. 130 Panco e Tica (foto: Janiene Santos Silva), Pascoal – Lacta (4.bp.blogspot.com/.../Pascoal2_1024x768.JPG). p. 132 Pinguim (*Revista Piauí* (http://revistapiaui.com/download.aspx), Rato da *Folha* (foto: Fábio Gonçalves). p. 133 RC Guarda da Atma (foto: Fábio Gonçalves), Ronald McDonald's (http://4.bp.blogspot.com/_Gx9PhYtjns/SkbeLVji1xI/AAAAAAAAE8/qfLKm4EjUcs/s1600/ronald_mcdonald_jumping.jpg). p. 134 Solzinho Hi Happy (www.rihappy.com.br), Sondinha (foto: Janiene Santos Silva), Super 15 – Telefônica (foto: Fábio Gonçalves). p. 137 Café três Corações (macios.wordpress.com/Page/2/), Unimons – Unibanco (F/Nazca). p. 139 Jotalhão, Cica (http:// www.inglesnosupermercado.com.br/wp-content/uploads/2009/04/cartaz-extrato-de-tomate-elefante-cica-e-mascote-jotalhao.jpg). p. 140 Limão Pepsi (http://www.gustavobraga.com/images/limoesPepsi/3dversusReal.jpg).

Impresso por
META
www.metabrasil.com.br